Prof. Dr. Volker Scheid
Philip Julius
Dr. Andreas Albert

ballstars

Zielschussspiele im Grundschulalter integrativ vermitteln

Illustriert von
Julian Meyer und Patrik Müller

Reihe Körperbildung und Sport

Geschäftsführende Herausgeber

Prof. Dr. Norbert Fessler & Prof. Dr. Michaela Knoll

Die Reihe ‚Körperbildung und Sport' versteht sich als Diskussionsforum für aktuelle Themen der Körperbildung und des Sports aus theorie- wie praxisbezogener Perspektive. Ergebnisse wissenschaftlicher Projekte, Kongressberichte, qualifizierte Dissertationen und Habilitationen, aber auch theoriefundierte Praxisbände können so einer breiten Leserschaft zugänglich gemacht werden.

Die Reihe ist offen für eine Vielfalt von Themen. Sie nimmt verschiedene Zielgruppen in unterschiedlichen Settings in den Blick: Erzieher, Sportlehrer, Therapeuten, Übungsleiter und Trainer sowie Sportwissenschaftler, Sportstudierende, Fachkräfte in Sport- und Gesundheitseinrichtungen oder auch Bewegungsmultiplikatoren in der betrieblichen Gesundheitsförderung.

Mit den theoriefundierten Praxisbänden zur Körperbildung sollen insbesondere auch Bewegungs- und Sportinteressierte angesprochen werden, die Anregungen für die Praxisarbeit mit Gruppen suchen und auch selbst etwas für ihre Körperbildung tun wollen.

Bisher erschienen

Band 1 - Gesundheitsförderung in der Gemeinde von Prof. Dr. Klaus Bös, Prof. Dr. Alexander Woll, Prof. Lothar Bösing, Prof. Dr. Gerhard Huber (Hrsg.)

Band 2 - Gesundheit zum Mitmachen von Prof. Dr. Alexander Woll, Prof. Dr. Klaus Bös

Band 3 - Erlebniswelt Sport (3. Auflage) von Dr. Manfred Schraag, Frank-Joachim Durlach, Christel Mann (Hrsg.)

Band 4 - Sporttreiben und Gesundheit von Prof. Dr. Michaela Knoll

Band 5 - Gesund durch Schwimmen von Dr. Jürgen Kozel, Johannes Schmitz, Prof. Dr. Kurt Wilke (Hrsg.)

Band 6 - Kooperation zwischen Schule und Sportverein von Prof. Dr. Sergio Ziroli

Band 7 - Soziale Funktionen des Sports von Prof. Dr. Volker Scheid, Dr. Joachim Simen (Hrsg.)

Band 8 - Moderner Tanz und Tanzerziehung von Dr. Gabriele Postuwka

Band 9 - Innovation aus Tradition von Prof. Dr. Michael Krüger (Hrsg.)

Band 10 - Gesundes Altern, Aktivität und Sport von Prof. Dr. Hermann Rieder (Hrsg.)

Band 11 - Gemeinsam etwas bewegen! Schule und Sportverein in Kooperation von Prof. Dr. Norbert Fessler, Prof. Dr. Volker Scheid, Prof. Dr. Gerhard Trosien, Dr. Joachim Simen, Prof. Dr. Frank Brückel (Hrsg.)

Band 12 - Jugendsport als Dienstleistung
von Prof. Dr. Klaus Cachay, Prof. Dr. Ansgar Thiel, Heiko Olderdissen

Band 13 - Gesundheitssportprogramme in Deutschland von Prof. Dr. Walter Brehm, Prof. Dr. Klaus Bös, Dr. Elke Opper, Joachim Saam

Band 14 - Qualitätsmanagement von Gesundheitssport im Verein
von Prof. Dr. Herbert Hartmann, Dr. Elke Opper, Artur Sudermann

Band 15 - Talente fördern mit System
von Prof. Dr. Volker Scheid, Dr. Markus Eppinger, Dr. Helga Adolph

Band 16 - Standards, Kompetenzen und Lehrpläne von Prof. Dr. Günter Stibbe (Hrsg.)

Band 17 - Qualitätsentwicklung an Partnerschulen des Leistungssports von Dr. Sascha Creutzburg, Prof. Dr. Volker Scheid

Band 18 - Praxisorientierte Biomechanik im Sportunterricht – Vom Tun zum Verstehen
von Dr. Axel Schnur, Prof. Dr. Hermann Schwameder

Band 19 - Körperbasiertes Entspannungstraining im Elementarbereich
von Dr. Marcus Müller

Band 20 - Körper-Achtsamkeit – Das Basistraining für Einsteiger von Prof. Dr. Norbert Fessler

Band 21 - Yoga der Achtsamkeit – für jedes Alter jeden Tag von Prof. Dr. Norbert Fessler, Volker Linder

Band 22 - Tennis 4ever – Achtsam mit dem Körper und sich selbst von Dr. Marcus Müller, Prof. Dr. Norbert Fessler

Band 23 - ballstars – Zielschussspiele im Grundschulalter integrativ vermitteln
von Prof. Dr. Volker Scheid, Philip Julius, Dr. Andreas Albert

Bibliografische Informationen der Deutschen Nationalbibliothek

Die Deutsche Nationalbibliothek verzeichnet diese Publikation in der Deutschen Nationalbibliografie; detaillierte bibliografische Daten sind im Internet über http://dnb.d-nb.de abrufbar.

Bestellnummer 3234

Hinweis: In der Reihe Körperbildung und Sport wird darauf geachtet, geschlechtergerechte Formulierungen zu verwenden. Dies betrifft z.B. die explizite Verwendung weiblicher und männlicher Formen oder auch die Verwendung geschlechtsneutraler Ausdrücke. Allerdings bitten wir um Nachsicht, wenn wir zugunsten einer verbesserten Lesbarkeit auf die Verwendung von Vollformen verzichten.

Erschienen in der Reihe
Körperbildung und Sport als Band 23

© 2020 by Prof. Dr. Norbert Fessler
& Prof. Dr. Michaela Knoll

Wichtiger Hinweis: Wissenschaften sind ständiger Entwicklung unterworfen und erweitern durch ihre Forschung unsere Erkenntnisse. Bei allen in diesem Werk erwähnten Dosierungen oder Applikationen, bei Übungsanleitungen, bei Empfehlungen und Tipps dürfen Sie darauf vertrauen: Autoren, Herausgeber und Verlag haben große Sorgfalt darauf verwandt, dass diese Angaben dem Wissensstand bei Fertigstellung des Werkes entsprechen. Die Übungen und Programme haben sich in der Praxis erfolgreich bewährt. Eine Garantie kann jedoch nicht übernommen werden. Eine Haftung des Autors bzw. der Autoren, der Herausgeber oder des Verlags für Personen-, Sach- oder Vermögensschäden ist ausgeschlossen.

Geschützte Warennamen (Warenzeichen) werden nicht besonders kenntlich gemacht. Aus dem Fehlen eines solchen Hinweises kann nicht geschlossen werden, dass es sich um einen freien Warennamen handelt.

Alle Rechte vorbehalten. Das Werk, einschließlich aller seiner Teile, ist urheberrechtlich geschützt. Jede Verwertung außerhalb der engen Grenzen des Urheberrechtsgesetzes ist ohne Zustimmung der Herausgeber und Autoren unzulässig und strafbar. Dies gilt insbesondere für Vervielfältigungen, Übersetzungen, Mikroverfilmungen und die Einspeicherung und Verarbeitung in elektronischen Systemen.

Bildrechte: Universität Kassel, Institut für Sport und Sportwissenschaft

Hofmann-Verlag, 73614 Schorndorf;
www.hofmann-verlag.de
Druck & Verarbeitung: Medienhaus Plump, 53619 Rheinbreitbach
Printed in Germany. ISBN 978-3-7780-3234-3

Grußworte

Liebe Leserinnen und Leser,

seit mittlerweile vier Jahren hat sich die MT Melsungen gemeinsam mit dem Institut für Sport und Sportwissenschaft der Universität Kassel und weiteren zuverlässigen Partnern über das inzwischen weit über unsere Region hinaus bekannte ballstars-Projekt ihrer gesellschaftlichen Verantwortung, nämlich Kinder in (Ballsport-) Bewegung zu bringen, gestellt.

Ein weiterer Meilenstein auf diesem weiten Weg ist dieses Buch, das Sie heute in Ihren Händen halten. Es soll Sie inspirieren für Ihre eigene Arbeit und Ihre Aufgaben rund um die sportliche Aktivierung unserer Kinder. Wir freuen uns sehr, dass unser gemeinsames Projekt weiter fortgeführt wird und damit dieses Buch ein wunderbares Anwendungsfeld finden kann.

Unser Dank gilt dem Institut für Sport und Sportwissenschaft der Universität Kassel, den beteiligten Partnern Wingas, Volkswagen Werk Kassel, BKK Finanzen + Wirtschaft, Goldbeck Nord GmbH, sowie vor allem den Personen, die das Projekt mit Leben füllen, im Besonderen die teilnehmenden Kinder.

Wir wünschen Ihnen viel Spaß beim Lesen und in der praktischen Anwendung dieses Buches.

Herzlichst
Axel Geerken
Vorstand der MT Spielbetriebs- und Marketing AG

Liebe Leserinnen und Leser,

wenn Sie dieses Buch in den Händen halten, ist es vollbracht: die ballstars haben ihren Weg in die Bildungsliteratur gefunden. Dass dieser Weg trotz prominenter Unterstützung durch die MT Melsungen gar nicht so einfach war, wie man vielleicht denkt, zeigt die Zeitspanne von der Idee bis zur Verwirklichung. Gut zwei Jahre vergingen, bis die Macher Prof. Dr. Volker Scheid, Philip Julius und Dr. Andreas Albert ihr Werk vollenden konnten. Dazwischen gab es vor allem eins: jede Menge Arbeit. Denn vorhandene Konzepte sind das eine, daraus ein praxisnahes Nachschlagewerk zu entwickeln etwas ganz anderes.

Die BKK WIRTSCHAFT & FINANZEN ist als Partner der ballstars seit der ersten Stunde an Bord. Und da die Gesundheit unserer Kinder eines der wichtigsten Güter unserer schnelllebigen Zeit ist, engagieren wir uns seit dem Beginn des Projektes nicht nur finanziell. Neben der begleitenden Berichterstattung über Aktivitäten der ballstars in unseren Medien sind wir beispielsweise auch beim jährlichen Tag der ballstars gerne aktiv mit dabei.

Auch dem Buchprojekt sind wir als Pate der Illustrationen sehr verbunden. Denn kein Text der Welt kann die spielerische Leichtigkeit einer Übung so veranschaulichen wie eine Zeichnung. Die Illustratoren Julian Meyer und Patrik Müller haben hier daher auch aus meiner ganz persönlichen Sicht wirklich tolle Arbeit geleistet.

Gemeinsam mit den ballstars freuen wir uns nun sehr, dass die Erfolgsgeschichte der integrativen Kasseler Sportspielausbildung bundesweit Einzug in weitere Grundschulen erhält. Die Kinder werden es uns danken: sowohl diejenigen, die später so vielleicht den Sprung in eine Profiballsportart schaffen, aber vor allem die vielen Hobbysportler von morgen. Denn Bewegung tut gut und sollte von Anfang an verinnerlicht werden – dieses Ziel verfolgen auch wir als Krankenkasse, um später weniger mit Erkrankungen durch chronischen Bewegungsmangel zu tun zu haben.

Allen Leserinnen und Lesern wünschten wir daher ein interessante Lektüre und viel Freude beim Umsetzen der Spiele des Buches.

Björn Hansen
Vorstand der BKK WIRTSCHAFT & FINANZEN

Vorwort

Die *ballstars*, das sind Grundschulkinder, die an ihren Schulen in Ballsportgruppen die Zielschussspiele Basketball, Fußball und Handball erlernen. Dafür haben sich in der Region Nordhessen das Institut für Sport und Sportwissenschaft der Universität Kassel und die MT Melsungen 2015 zusammengeschlossen und ein Kooperationsnetzwerk mit Grundschulen aufgebaut. Alle sportinteressierten Kinder der beteiligten Grundschulen können sich in den jahrgangsübergreifenden Ballsportgruppen der Klassen 1 und 2 sowie 3 und 4 anmelden und mitspielen.

In der Ausbildung kommt ein *integratives Vermittlungskonzept* zum Einsatz, das die sportspielübergreifenden Gemeinsamkeiten in den Mittelpunkt stellt. Neben eigenen Arbeiten zum Kasseler Modell der integrativen Sportspielvermittlung (u.a. Adolph, Hönl & Wolf, 2008; Albert, 2017; Albert, Julius & Scheid, 2018) finden ebenso aktuelle (inter-)nationale Ansätze der Sportspielvermittlung (u.a. König, 2003; Butler & McCahan, 2005; Mitchell, Oslin & Griffin, 2006; Sinning, 2009) Berücksichtigung. Im Sinne eines erziehenden Sportunterrichts geht es im Kassler Modell dabei nicht nur um die grundlegenden technischen und taktischen Elemente der Spiele, sondern zugleich auch um die sozialen Verhaltensweisen eines fairen Miteinanders im Teamsport (Prohl, 2017).

Ausgehend vom integrativen Vermittlungsansatz wurden zunächst Sportstudierende an der Universität Kassel in eigens konzipierten Lehrveranstaltungen für die Leitung von ballstars-Gruppen qualifiziert und ein großer Pool von geeigneten Spielformen zusammengestellt und erprobt. Über ein entwickeltes Fortbildungsformat werden darüber hinaus zukünftig ebenso interessierte Lehrkräfte und Übungsleiter von dem Vermittlungskonzept profitieren und die Idee der integrativen Vermittlung in ihre Grundschulen und Sportvereine tragen. Die vorliegende Publikation soll dazu einen Beitrag leisten.

Das Buch erläutert im ersten Teil die *Grundlagen* der Sportspiele und stellt dabei auch Bezüge zur Spielentwicklung sowie zum Grundschulsport her. Ausgehend von den Gemeinsamkeiten der Zielschussspiele wird das Kasseler Modell mit seinen drei Lernstufen vorgestellt. Der systematische Aufbau zielt darauf ab, dass die Kinder am Ende ihrer Grundschulzeit die Zielschussspiele in ihren Mini-Spielvarianten beherrschen.

Im zweiten Teil des Buches folgt eine umfangreiche *Spiele- und Übungssammlung,* welche sich für die integrative Vermittlung der Zielschussspiele bewährt hat und der Ausbildung der ballstars zugrunde liegt. Aus den einführenden Hinweisen zur Beschreibung und der gewählten Systematik der Spielesammlung geht hervor, dass es sich dabei nicht einfach um eine Zusammenstellung von Spielen handelt, sondern vielmehr um eine strukturierte Zuordnung, die den Zielsetzungen der drei Lernstufen folgt und einen systematischen Stundenaufbau ermöglicht.

Bei der Auswahl wurden sowohl vorliegende bewährte Spielesammlungen zu Rate gezogen, als auch zahlreiche eigene Spielformen entwickelt und erprobt. Die Darstellung gliedert sich entsprechend der Lernstufen in drei große Kapitel, wobei jeweils zu Beginn ein *Verzeichnis* der vorgestellten Spiele zu finden ist. Die hierbei verwendete Gliederung bietet Gelegenheit, Spiele gezielt nach ihren grundlegenden taktischen und technischen Merkmalen auszuwählen und in die Planung und Gestaltung eigener Sportstunden einzubeziehen.

Im dritten Teil des Buches geben insgesamt sechs erprobte *Stundenbeispiele* einen Einblick in die Gestaltungsmöglichkeiten von Unterrichtsstunden. Dabei steht die zweite Lernstufe mit den taktischen Handlungszielen im Mittelpunkt und die kommentierten Beispiele veranschaulichen, wie bestimmte Vermittlungsziele durch die Auswahl und Reflexion geeigneter Spiel- und Übungsformen umgesetzt werden können.

Die Stundenbeispiele hat *Florian Heussner*, der als Gruppenleiter und Assistent der Projektleitung bei den ballstars mitwirkt, erstellt und kommentiert. Die gelungene Illustration aller Spiele und Übungen in anschaulichen Szenen mit zugehörigen Materialien verdanken wir *Julian Meyer und Patrik Müller*.

Das gesamte ballstars-Projekt wäre in seiner Entstehung und Fortführung ohne die Initiative der MT Melsungen – namentlich *Axel Geerken* als Vorstand und *Axel Renner* als Nachwuchskoordinator – nicht denkbar gewesen und die Autoren des Bandes sind zu großem Dank verpflichtet.

Zu danken ist ebenso der BKK Wirtschaft & Finanzen, die nicht nur diesen Band unterstützt hat, sondern die ballstars von Anfang an fördert. Zu den Förderern gehören ebenso die Wingas GmbH, die Volkswagen AG - Werk Kassel und die Goldbeck Nord GmbH.

Der Ansatz einer integrativen Sportspielvermittlung ist an der Universität Kassel untrennbar mit *Dr. Helga Adolph* verbunden, die bereits 1993 gemeinsam mit *Michael Hönl* die Grundlagen des Vermittlungsansatzes für die Sekundarstufe gelegt hat. Die letzte überarbeitete und erweiterte Auflage erschien 2008 unter Mitwirkung von *Thomas Wolf*.

Nicht zuletzt ist allen Sportstudierenden zu danken, die sich für das besondere Ausbildungsangebot interessiert und in der Folge in der Leitung von ballstars-Gruppen an den Grundschulen engagiert haben. Nur so konnten die zahlreichen Spiel- und Übungsformen in der vorliegenden Vielfalt entwickelt, erprobt und dokumentiert werden.

Die Autoren danken allen beteiligten Personen für die erfahrene Unterstützung und hoffen, dass die Idee der integrativen Vermittlung der Zielschussspiele zahlreiche Lehrkräfte und Übungsleiter überzeugt und vielen Kindern den Zugang zum Ballsport eröffnet.

Kassel, im Herbst 2019
Volker Scheid, Philip Julius &
Andreas Albert

Grundlagen der integrativen Sportspielvermittlung

Spielen in der Kindheit

Das Interesse von Kindern am Ballspielen in Freizeit und Schule ist nach wie vor sehr groß. Vor allem die Kleinen (Ball-)Spiele, sowie die (Mini-)Zielschussspiele sind zentrale Bestandteile sowohl des Schulsports als auch des freizeitsportlichen Engagements von Kindern. Dennoch ist heute seitens der Schülerinnen und Schüler von deutlich geringeren Bewegungserfahrungen auszugehen, grundlegende Kompetenzen müssen erst erarbeitet werden (Sinning, 2009). Die Gründe hierfür sind vielfältig und können u.a. durch eine veränderte Lebenswelt der Kinder mit weniger freier Zeit und anderem Freizeitverhalten erklärt werden (Peuckert, 2012). Viele Kinder sind daher zu Beginn ihrer Grundschulzeit unter anderem noch nicht in der Lage, Spiele zu initiieren, Regeln festzulegen und danach zu spielen. Um Mit- und Gegeneinander spielen zu können, ist es notwendig, die hierfür grundlegenden Kompetenzen zu erarbeiten und einzuüben.

Kinder sollten immer wieder Möglichkeiten bekommen, mit Bällen zu spielen, weil sie vielfältige Spielgelegenheiten bieten und weil sie beim Spielen grundlegende Erfahrungen materialer, emotionaler, sozialer und personaler Art sammeln können. Nicht zuletzt aufgrund der vielfältigen Bildungspotentiale wird dem Bewegungsfeld „Spielen" in den Lehr- und Bildungsplänen der Primarstufe im Fach Sport eine besondere Bedeutung zugeschrieben. Es gehört zu den Aufgaben des Schulsports, Spielgelegenheiten zu bieten, Spielen zu lernen, Spielideen zu entwickeln und die dafür notwendigen Techniken und Taktiken zu vermitteln.

Merkmale und Funktionen

Dem Spiel werden nicht nur typische *Wesens- und Strukturmerkmale* zugeschrieben, wie beispielsweise die Zweckfreiheit, Gegenwärtigkeit, Ambivalenz und Spannung (u.a. Scheuerl, 1994), sondern ebenso auch bestimmte Funktionen und Zielsetzungen. In Anlehnung an Sutton-Smith (1978) hebt Grupe (2000, 153ff.) u.a. folgende Funktionen des Spiels hervor:

- *Sozialisationsfunktion*: Die Art und Auswahl der Spiele, die Kinder in einem Kulturkreis spielen, tragen zu ihrer Anpassung an die Normen, Rollen und Verhaltensweisen dieser Kultur bei.

- *Innovative Bedeutung des Spiels*: Spiele haben nicht nur anpassende, sondern auch ebenso innovative Funktionen. Kinder verändern oder erfinden Spiele, wobei sie kreatives und phantasievolles Handeln erproben.

- *Rollen und Regeln im Spiel*: Das Spiel ermöglicht Erfahrungen im sozialen Miteinander. Das Einnehmen von Rollen sowie das Besprechen und Befolgen von Spielregeln vermittelt wesentliche soziale Erfahrungen und Verhaltensmuster.

- *Konflikt-Sozialisation*: In zahlreichen Spielen begeben sich Kinder in konflikthafte Situationen, ohne die Folgen realer Situationen fürchten zu müssen. Sie lernen, mit Entscheidungs- und Konfliktsituationen umzugehen und entwickeln Bewältigungsstrategien.

Kinder lernen, sich bei gemeinsamen Spiel- und Sportaktivitäten an Regeln zu halten, diese aber auch situativ anzupassen. Neben den Erwerb und die Förderung motorischer Fertigkeiten und Fähigkeiten treten soziale Erfahrungen und Kompetenzen. Mit den räumlich-materialen Erfahrungen im Umgang mit Spiel- und Sportgeräten verbinden sich persönliche Erfahrungen über die Körperbeherrschung, das eigene Leistungsvermögen und die Selbständigkeit. König (2013, S. 553) resümiert: „Betrachtet man das Spiel aus einer Perspektive der Zuordnung von Funktionen, dann lässt es sich wie folgt charakterisieren: Spiele bzw. das Spielen hat im Hinblick auf die Sozialisation von Menschen, auf deren Entwicklung und Erziehung sowie ihr lebenslanges Lernen eine große Bedeutung. Dies mag zwar für andere Sportarten auch zutreffen, dennoch ist es die Gesamtheit der Funktionen und Merkmale, die das Spiel im Besonderen kennzeichnet und ihm Alleinstellungsmerkmale verleiht."

Gegenüber den offenen und flexiblen Bewegungsspielen sind die weithin beliebten Sportspiele wie Handball, Fußball, Volleyball und Basketball durch besondere Merkmale gekennzeichnet. Sie sind ein Spezialfall des Spiels, aber auch des Sports (siehe auch Kapitel Sportspielvermittlung, S. 19ff.). Wie dem Sport immanent, sind auch die Sportspiele mit den Prinzipien der Leistung bzw. des Leistungsvergleichs und Wettkampfs verbunden. Nach König (2013, S. 554) kommen als spezifische Eigenschaften u.a. folgende Merkmale hinzu:

- Sportspiele sind bis ins Detail (international) geregelt.
- Trotz detaillierter Regelungen lassen Sportspiele große Handlungsspielräume zu für individuelle, situative und kreative Lösungen (Sportspiele sind demzufoge offene Sportarten, im Unterschied zu geschlossenen Sportarten wie etwa Leichtathletik und Schwimmen).
- Sportspiele sind durch komplexe Aufgabenstellungen und -strukturen gekennzeichnet, was sich in ständig ändernden Partner- und Gegnerkonstellationen, vielfältigen technischen und taktischen Handlungsalternativen und motorischen Beanspruchungen ausdrückt.

Spielentwicklung und Regelspiel

In diesem Zusammenhang sollte auch die *Entwicklungsperspektive* Berücksichtigung finden. In der Entwicklung des Spiels tritt das hier thematisierte Regelspiel erst mit dem Übergang zum Grundschulalter immer häufiger auf. Eine traditionelle pädagogische Gliederung geht auf Buytendijk (1970) und Dietrich (1980) zurück und differenziert in die drei Typen „Spielen mit etwas" (Exploration der Umwelt; Umgangs-, Geschicklichkeits- und Funktionsspiele), „Spielen als etwas" (Konstruktion fiktiver Wirklichkeit; Darstellungs-, Rollen- und Imitationsspiele) sowie „Spielen um etwas" (Regelspiele: Wett-, kampf- und Sportspiele).

Für Dietrich (1980, S.16) greifen dabei die Sportspiele die anderen Spieltypen mit auf: „Sportspiele vereinigen dabei alle anderen Spieltypen und ihre Regelhaftigkeit in sich. Sie sind „Spiele mit etwas“, insofern der Umgang mit dem Ball im Mittelpunkt steht; sie sind „Spiele als etwas“, insofern eine formale Rollenverteilung [...] ausgebildet ist; sie sind „Spiele um etwas“, weil es hier um Punkte, Tore, um Sieg und Niederlage und deren öffentliche Bedeutung geht. Dominant ist allerdings die Sinnorientierung als „Spiel um etwas“.“

In der Entwicklungspsychologie finden sich Angaben zu einer altersabhängigen Reihenfolge des Spielverhaltens, das auch über verschiedene Kulturen hinweg beobachtet wurde. So differenziert Oerter (2008, S. 224) in das Funktionsspiel im ersten und zweiten Lebensjahr, ziemlich spontan tritt mit 12 bis 13 Monaten das Symbolspiel auf, nimmt über die Vorschulzeit zu und sinkt in seiner Häufigkeit dann wieder ab. Das kooperative Rollenspiel findet sich bei allen normal entwickelten Vierjährigen und wächst in seiner Dauer zwischen vier und fünf Jahren deutlich an. Das Regelspiel ist im Vorschulalter noch relativ selten und tritt mit dem Übergang zum Grundschulalter zunehmend häufiger auf.

Mit Blick auf die Sportspiele interessiert insbesondere das *Regelspiel*, das aus psychologischer Perspektive gut im Grundschalter entwickelt und gefördert werden kann. Erst mit dem Wechsel von einem egozentrischen zu einem abwandelbaren Regelverständnis, werden Regeln als Ergebnis von Vereinbarung verstanden, auf die sich die Teilnehmenden einigen und die sie bei Bedarf auch kooperativ abwandeln können. Neben diesem veränderten Regelverständnis lassen sich im Grundschulalter auch zunehmend Verbesserungen hinsichtlich der Differenziertheit und Komplexität von Regeln (z.B. Abseitsregel im Fußball) beobachten. Berk (2011, S. 397f.) betont für die mittlere Kindheit (6-11 Jahre) die Fortschritte in der Perspektivübernahme, insbesondere die Fähigkeit, die Rollen der Mitspielenden zu verstehen, die einen Übergang zu regelorientierten Spielen ermöglichen. Diese Spielerfahrungen tragen wiederum spürbar zur emotionalen und sozialen Entwicklung bei. In ihren Bemühungen, Spiele zu organisieren, erfahren die Kinder auch die Notwendigkeit von Regeln, was ihnen bei der Entwicklung des Verständnisses von Fairness und Gerechtigkeit hilft.

Als Regelspiel bezeichnet Einsiedler (1999, S. 124) Spielformen, „die durch ein mehr oder weniger komplexes Regelwerk organisiert sind, wobei die Regeln entweder einen Wettbewerb mit einem Zielzustand normieren oder einen Spielablauf ohne Wettbewerb sichern und meist das Zusammenspiel mehrerer Spieler, in gesonderten Fällen das Spiel eines einzelnen, festlegen“. Dabei lassen sich unterschiedliche Handlungsebenen wie motorische Handlungen (Spieltechniken), intellektuelle Handlungen (Spielstrategien) und kommunikativ-kooperative Handlungen (Sozialkompetenz) unterscheiden.

Eine Hauptanforderung vieler Regelspiele ist es, die eigene Spielstrategie auf die des Gegners abzustimmen und dabei auch Wahrscheinlichkeiten abzuwägen. Dies schließt die Fähigkeit zur Perspektivübernahme ein, wobei sich der Spieler in den Blickwinkel des anderen hineinzusetzen vermag, um dessen Spielplan zu verstehen und möglichst weitere Spielzüge zu antizipieren. Einsiedler (1999) berichtet diesbezüglich von Regelspieluntersuchungen, wonach Kinder ab Mitte der Grundschulzeit eine flexible Strategie des Perspektivenwechsels beim Antizipieren von Spielzügen einsetzen. Die kommunikative Ebene des Regelspiels betrifft vor allem die Sozialentwicklung der Kinder. Sie beraten und handeln Rollen aus, legen Regeln fest und variieren sie bei Bedarf. Spielbeobachtungen belegen hierbei, dass Kinder Kommunikationsformen zum Abbau von Konflikten, zum Schließen von Kompromissen und zur Erhaltung des Spiels entwickeln. Einsiedler (1999, S. 139) führt in Anlehnung an Krappmann (1983) drei sozialisierende Wirkungen des Regelspiels an, nämlich den Abbau des kindlichen Egozentrismus, den flexiblen Umgang mit Erwartungen sowie den Aufbau von Toleranz, um die eigene Spielbeteiligung aufrecht zu erhalten.

Pädagogische Relevanz und curriculare Einordnung

Ausgehend von den grundlegenden Aussagen zur Struktur und Bedeutung des (Regel-)Spiels steht die Bedeutung der Thematik für die Entwicklung von Kindern außer Frage. Bleibt die pädagogische Frage, wie das Spielen in die Lehr- und Bildungspläne der Grundschule eingebunden ist und wie der Schulsport auf dieser Grundlage dazu beitragen kann, die Bildungspotentiale der Sportspiele zu erschließen. Die konkrete didaktische Umsetzung im Sinne des integrativen Kasseler Modells ist dann Gegenstand der nachfolgenden Kapitel.

Erziehender Sportunterricht

Der Schulsport trägt mit seinen unterrichtlichen und außerunterrichtlichen Angeboten als einziges Bewegungsfach zu einer ganzheitlichen Persönlichkeitsentwicklung bei und eröffnet Möglichkeiten zur Erschließung der Bewegungskultur. Prohl und Scheid (2017) schreiben dem Sport als Kultursegment drei wesentliche Merkmale zu, in denen zugleich die besonderen Bildungspotenziale sportlichen Handelns liegen:

- Die „*leiblich-körperliche Bewegung*" als primäre, individuelle und soziale Weltbegegnung,
- die „*ästhetische Eigenwelt*" des Sports als sozialer Raum für regelgeleitetes Bewegungshandeln sowie
- das vom Prinzip der Fairness getragene „*Miteinander im Gegeneinander*" in kompetitiven Kontexten.

In einem am Doppelauftrag ausgerichteten *erziehenden Sportunterricht* erwerben die Schülerinnen und Schüler sowohl bedeutsame fachbezogene als auch überfachliche Kompetenzen. Aus bildungstheoretischer Perspektive spricht Prohl (2017, S. 81f.) von einer „*Bewegungsbildung im Ho-*

rizont allgemeiner Bildung". Im Vollzug der Sachaneignung (Erziehung zum Sport) werden gleichzeitig auch die Schlüsselkompetenzen allgemeiner Bildung (Erziehung durch Sport) gefordert und gefördert.

Die Teamsportarten bieten dabei vielfältige pädagogische Möglichkeiten. So werden auf sozialer Ebene Aspekte wie faires und tolerantes Verhalten, der Umgang mit Regeln und Rollen sowie Strategien der Konfliktbewältigung angesprochen, welche sich in der Entscheidungs- und Teamkompetenz ausdrücken. Ergänzt werden diese für das Spielen bedeutsamen allgemeinen Handlungskompetenzen durch die für Sportspiele typischen Bewegungskompetenzen. Diese beziehen sich auf die Auseinandersetzung mit der Spielidee, den technischen Anforderungen und taktischen Grundsituationen.

Die im Ballsport auftretenden Bewegungsbeziehungen können sowohl kooperativ als auch im Wettkampf konkurrenzorientiert ausgerichtet sein. Die Konkurrenzbeziehung stellt pädagogisch betrachtet sogar eine besonders fruchtbare Situation der Sozialerziehung dar, weil gegensätzliche Bestrebungen in eine – vom Prinzip der Fairness getragene – geregelte Beziehung gesetzt werden müssen. Ein Miteinander im Gegeneinander erfordert nicht nur die Koordination eigenen Handelns mit dem Handeln anderer Personen, sondern im Falle eines sportlichen Wettkampfs wird das gegeneinander Handeln durch spezifische Normen geregelt, dessen Einhaltung eben dieses Handeln erst ermöglicht (Prohl & Scheid, 2017).

Zu den drei Bereichen der Bewegungskompetenz (Erziehung zum Sport), Urteils- und Entscheidungskompetenz sowie Teamkompetenz (Erziehung durch Sport) heißt es exemplarisch im hessischen Kerncurriculum für die Primarstufe (Hessisches Kultusministerium, 2011, S.12f.):

- *„Lernende erwerben Bewegungskompetenz, um sich durch Bewegung, Spiel und Sport die Bewegungs-, Spiel- und Sportkultur zu erschließen. Die primären Bildungspotenziale liegen im Prozess der körperlichen Bewegung. (…) Spielen ist ein zentrales Handlungsfeld im Sport. Die Lernenden wenden beim Spielen nicht nur grundlegende Techniken an, sondern entwickeln und reflektieren darüber hinaus auch Problemlösungsstrategien. Das Spielen kann somit als freudvolles, jedoch bewusstes Leistungshandeln auch Mittel zur Wettkampfgestaltung sein."*
- *„Urteils- und Entscheidungskompetenz befähigt Lernende, selbstbestimmt zu handeln, die Bewegungs-, Spiel- und Sportkultur begründet zu beurteilen und sich kritisch damit auseinanderzusetzen. (…) Urteilskompetenz setzt Kenntnisse über Kriterien und Gütemaßstäbe voraus, um Bewegungsausführungen und Leistungen angemessen und nachvollziehbar beurteilen zu können."*
- *„Teamkompetenz ermöglicht den Lernenden, sich konstruktiv in Gruppenprozesse einzubringen und einbinden zu lassen, mit Leistungs-, Geschlechts- und ethnischen Un-*

terschieden umzugehen sowie mit körperlichen Mitteln fair zu konkurrieren und zu kooperieren. Dabei spielen Toleranz gegenüber fremden Körper- und Bewegungskulturen, die Entwicklung von Konfliktlösungsstrategien und die Ausbildung fairen Verhaltens eine besondere Rolle.“

Bewegungsfeld

Grundlegend geht es im *Bewegungsfeld Spielen* um den Erwerb und das Anwenden von Basistechniken und -taktiken sowie um das Entwickeln und Reflektieren von Problemlösungsstrategien. Über die aktive Auseinandersetzung der Akteure mit diesen Anforderungen wird ein Grundverständnis für ein Sportspiel aufgebaut. In diesem Zusammenhang müssen die Schülerinnen und Schüler „*einerseits eigene Taktiken entwickeln und andererseits die Strategien der gegnerischen Mannschaft aufdecken und ihnen angemessene Handlungspläne entgegensetzen können. Sie benötigen dazu Bewegungskompetenzen im Umgang mit dem Spielgerät: Das Laufen mit dem Spielgerät, das Werfen, Fangen, Schlagen oder Schießen des Spielgerätes*“ (Sinning, 2008, S. 5). Damit sind die oben bereits erwähnten kooperativen und kompetitiven Bewegungsbeziehungen angesprochen, die ein geregeltes, von Bewegungskompetenzen getragenes Miteinander im Gegeneinander erfordern, um Spiele gemeinsam entwickeln und ausführen zu können.

Zu dem *Bewegungsfeld Spielen* werden exemplarisch im hessischen Kerncurriculum für den Grundschulsport folgende Inhalte ausgeführt (Hessisches Kultusministerium, 2011, S.18):

„Zum Lösen von Spielaufgaben sind Grundtechniken (Zuspielen und Annehmen, Vorantreiben und zum Abschluss kommen) im Umgang mit unterschiedlichen Spielgeräten erforderlich. An der Entwicklung eigener Spiele und der Umsetzung von Spielen im Bereich der Fang-, Kraft-, Gewandtheits- und Rückschlagspiele sowie der „Kleinen Spiele“ erfolgt die Auseinandersetzung mit der Spielidee, den Spielregeln, der Rolle der Spielenden, der Technik und Taktik.

Das Spielen in unterschiedlichen Sozialformen führt die oben genannten Bereiche zusammen. Spielen wird als soziales Handeln praktiziert, das eine Auseinandersetzung mit dem Gedanken der Fairness und des Wettbewerbs einschließt. Dies umfasst auch das Einhalten, Aufstellen und Verändern von Regeln, das Akzeptieren von Schiedsrichterentscheidungen sowie das Lösen von Konflikten unter Anleitung.“

Abbildung 1 führt die Überlegungen zu einem erziehenden Sportunterricht, der eine Bewegungsbildung im Kontext allgemeiner Bildung anstrebt, zusammen und bezieht die unterschiedlichen Kompetenzbereiche auf die für die Ausführung und Gestaltung von Zielschussspielen relevanten Fähigkeiten.

Erst der Erwerb der unterschiedlichen Kompetenzen ermöglicht es Grundschulkindern, Sportspiele technisch und taktisch auszuführen, sich konstruktiv in Gruppenprozesse einzubringen, miteinander zu kooperieren und mit fairen Mitteln gegeneinander zu konkurrieren. Daraus leitet sich die didaktische Frage nach einer angemessenen Vermittlung der Sportspiele ab, die im Sinne des Kasseler Modells einem integrativen Ansatz folgt und nachfolgend abgeleitet und beschrieben wird.

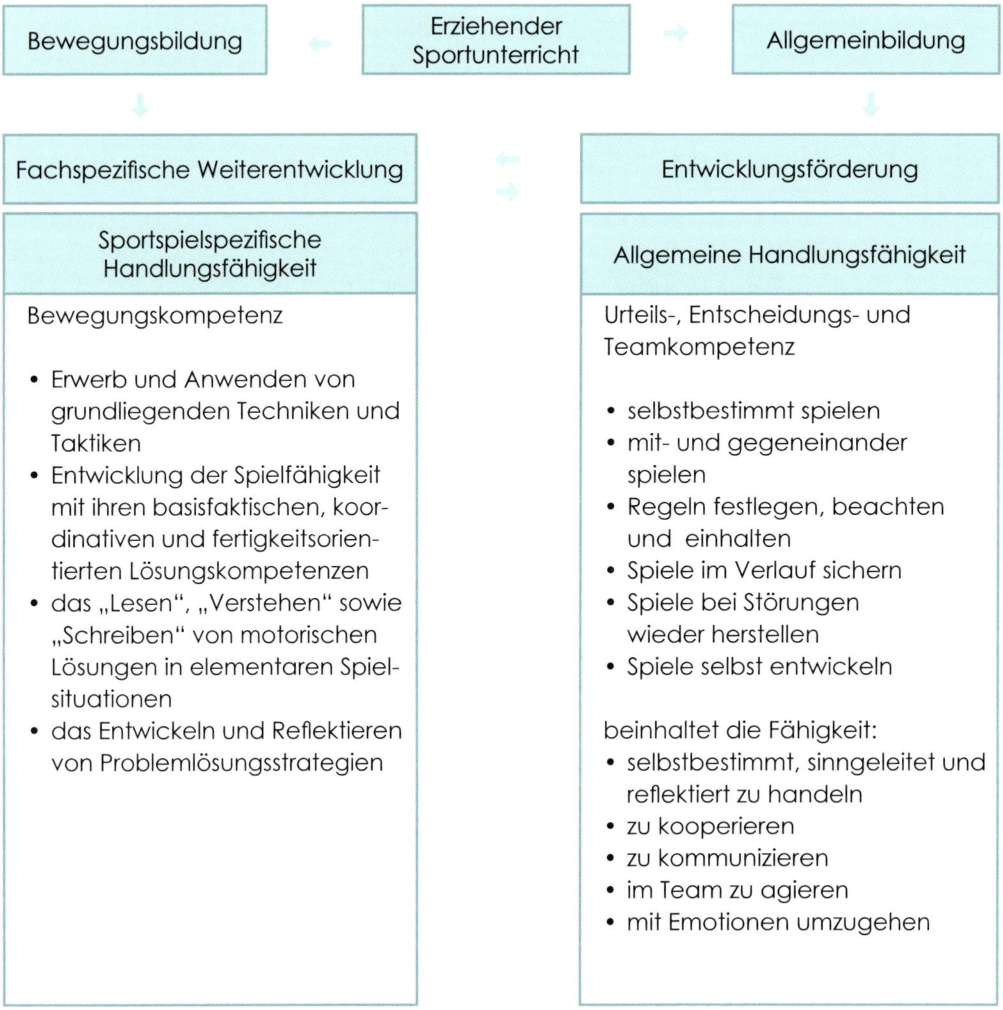

Fachspezifische Weiterentwicklung	Entwicklungsförderung
Sportspielspezifische Handlungsfähigkeit	**Allgemeine Handlungsfähigkeit**
Bewegungskompetenz • Erwerb und Anwenden von grundliegenden Techniken und Taktiken • Entwicklung der Spielfähigkeit mit ihren basisfaktischen, koordinativen und fertigkeitsorientierten Lösungskompetenzen • das „Lesen“, „Verstehen“ sowie „Schreiben“ von motorischen Lösungen in elementaren Spielsituationen • das Entwickeln und Reflektieren von Problemlösungsstrategien	Urteils-, Entscheidungs- und Teamkompetenz • selbstbestimmt spielen • mit- und gegeneinander spielen • Regeln festlegen, beachten und einhalten • Spiele im Verlauf sichern • Spiele bei Störungen wieder herstellen • Spiele selbst entwickeln beinhaltet die Fähigkeit: • selbstbestimmt, sinngeleitet und reflektiert zu handeln • zu kooperieren • zu kommunizieren • im Team zu agieren • mit Emotionen umzugehen

Abb. 1: Doppelauftrag des Erziehenden Sportunterrichts übertragen auf die Zielschussspiele (mod. nach Albert, 2017, S. 179)

Sportspielvermittlung

Die Publikationen zum Thema Spielvermittlung sind vielfältig und haben bereits eine lange Tradition. Sie bieten eine Fülle von Zugangsweisen, über die in Fachkreisen immer wieder diskutiert wird. Eine grundlegende Frage ist hierbei, wie man Spielanfänger am Besten in die Sportspiele einführen sollte. Berücksichtigt werden muss bei dieser Frage stets, an welche Zielgruppe sich das methodische Vorgehen richten soll, denn „*unterschiedliche Adressaten erfordern unterschiedliche Herangehensweisen!*" (Remmert, 2006, S. 24). So ist nicht zu erwarten, dass die gleichen methodischen Überlegungen in unterschiedlich heterogenen Lerngruppen stets zum erwünschten Ziel führen. Vergleicht man gängige Vermittlungsmodelle, so lassen sich vor allem sportspielübergreifende und sportspielspezifische Zugangsweisen unterscheiden. Allen Vermittlungswegen gemein ist jedoch ein Ziel: die Handlungsfähigkeit im Sportspiel (Sinning, 2009).

Systematisierung und Gemeinsamkeiten der Sportspiele

Um die Frage der Vermittlung von Spielen adäquat diskutieren zu können, sollen zunächst die Gemeinsamkeiten und Unterschiede der Sportspiele in den Blick genommen werden. Die Recherche nach allgemeinen für alle Sportspiele geltenden Merkmalen ergibt, dass grundsätzlich alle Sportspiele als Bewegungsspiele bezeichnet werden können, in denen der leistungsbetonte Wettkampf, der unmittelbare Interaktionsprozess sowie festgelegte (kodifizierte) Regeln eine gemeinsame Rahmung bilden (siehe auch Kapitel Spielen in der Kindheit, S. 12ff.). Darüber hinaus gilt es als charakteristisch, dass der Wettkampf mittels eines Spielobjektes zwischen zwei Parteien ausgetragen wird, wobei die Spielparteien eine gemeinsame Spielidee verfolgen (Döbler, 1974; Schmidt, 2003; Uhlig, 2008; König, 2013).

Neben diesen für alle Sportspiele gemeinsamen Merkmalen existiert aber auch eine Vielzahl von Unterschieden, die vor allem in der Art und Weise des Interaktionsprozesses der Spielparteien zum Ausdruck kommen. So sind beispielsweise der prinzipielle Verzicht auf eine räumliche Trennung und der sich daraus ergebende stets offene Ballbesitz ein Merkmal, welches sich nicht auf alle Sportspiele übertragen lässt. Weltweit hat sich daher eine Reihe von Klassifikationssystemen entwickelt, welche die Spiele zumeist aufgrund von gemeinsamen strukturellen Merkmalen oder leistungsorientierten Anforderungen einteilen.

Die in diesem Zusammenhang in Deutschland gängigste Systematik unterteilt die Sportspiele in die beiden Bereiche der Zielschuss- und Rückschlagspiele, welche sich nochmals in die Torschuss- und Wurfspiele bzw. die Ein- und Mehrkontaktrückschlagspiele aufgliedert. Tabelle 1 veranschaulicht diese Einteilung und benennt einige Beispiele (u.a.; Roth & Kröger, 2002; Kuhlmann 2007; Adolph, Hönl & Wolf, 2008).

Tab. 1.: Systematisierung der Sportspiele im deutschsprachigen Raum (Albert, 2017, S. 177)

Sportspiele			
Zielschussspiele		Rückschlagspiele	
Torschusspiele	Wurfspiele	Einkontaktspiele	Mehrkontaktspiele
Fussball Hockey Radball Eishockey ...	Handball Basketball Streetball American Football ...	Badminton Tischtennis Tennis Squash ...	Volleyball Faustball Prellball Indiaca ...

Gemeinsame Merkmale der Zielschussspiele

Betrachtet man die Zielschussspiele mit ihren Gemeinsamkeiten, so lassen sich eine Vielzahl identischer Strukturen in Spielidee und Regelwerk ausmachen, die eine Systematisierung, wie in Tabelle 1 dargestellt, rechtfertigen. Grundsätzlich gilt, dass im Zielschuss, in welchem sich auch die Spielidee dieser Gruppe ausdrückt, ein zentrales Merkmal gesehen werden kann. Für die Zielschussspiele sind darüber hinaus nach Bremer, Pfister und Weinberg (1981) sowie Hohmann und Lames (2005) weitere folgende Merkmale charakteristisch:

- die Form der Entscheidung über Sieg und Niederlage (Anzahl der erfolgreichen Zielschüsse)
- die zeitliche Begrenzung über die Spieldauer
- der prinzipielle Verzicht auf eine räumliche Trennung
- der prinzipiell stets offene Ballbesitz
- die Möglichkeit der individuellen und kollektiven, zeitlich nur indirekt durch Regeln begrenzten Ballsicherung.

Neben diesen strukturellen Merkmalen können über die Analyse der sportspieltypischen Handlungen drei Grundsituationen herausgearbeitet werden, die innerhalb der Zielschussspiele vergleichbar sind. Tabelle 2 stellt diese Grundsituationen für Angriff und Verteidigung gegenüber.

Für die Zielschussspiele hat Dietrich (1978) stellvertretend das Fußballspiel auf seine charakteristischen Spielsituationen hin untersucht, um sein didaktisches Problem mit der Frage „Wie lassen sich die komplexen Handlungszusammenhänge der Sportspiele so vereinfachen, dass überschaubare Lernsituationen entstehen […]?“ (ebd., S. 90) zu lösen. Er konnte herausstellen, dass die Spielhandlungen aufgrund der gegenläufigen Absichten der Spielparteien stets den Prinzipien der

Korrespondenz und der Simultanität folgen. Dies bedeutet, dass eine Angriffshandlung im Spiel immer gleichzeitig zu einer Verteidigungshandlung führt. Über diese, für die Zielschussspiele typischen Spielsituationen, bietet sich die Möglichkeit, Spielhandlungen auf so genannte gemeinsame Grundsituationen zu reduzieren (Kolb, 2005; Kuhlmann, 2007).

Tab. 2: Überblick über die gemeinsamen Grundsituationen der Zielschussspiele (mod. nach Albert, 2017, S. 178)

Grundsituationen	Angriff	Verteidigung
A	Aufbau des Angriffs	Stören des Angriffs
B	Herausspielen der Zielschussgelegenheit	Abschirmen des Zieles
C	Zielschuss	Zielschussabwehr

Vermittlung von Zielschussspielen

Analysiert und vergleicht man bestehende Vermittlungsansätze für die Sportspiele, so lassen sich grundsätzlich zwei unterschiedliche Lehr- oder Vermittlungsansätze voneinander unterscheiden: die sportspielübergreifenden und die sportspielspezifischen Lehrwege. Wie Roth und Kröger (2002) beschreiben, geht es in diesem Zusammenhang zudem immer wieder um die zentralen Fragen, ob dem Spielen oder dem Üben ein größerer Stellenwert beigemessen werden sollte und ob indirekte (implizite) Vermittlungsformen direkten (expliziten) vorzuziehen seien. Entscheidend ist in diesem Zusammenhang „dann zumeist die Frage, ob zuerst Anteile geübt und diese dann später ins Spiel eingebettet werden sollten, oder ob man sich von Beginn an dem Spiel spielerisch nähert" (Sinning, 2008, S. 7). Für den Einstieg in die Sportspielvermittlung bietet sich somit einerseits die Möglichkeit, einen isolierten, direkten Einstieg in ein konkretes Zielspiel mit dem Schwerpunkt der Schulung von spezifischen technischen, konditionellen und taktischen Anforderungen zu wählen. Andererseits kann über den Ansatz der sportspielübergreifenden Vermittlung ein allgemeines Spielverständnis und der Aufbau eines breiten Repertoires an Bewegungserfahrungen entwickelt werden, welches die Grundlage für die Sportspiele darstellt (vgl. Roth & Kröger, 2002; Adolph, Hönl & Wolf, 2008).

Während der erstgenannte Weg häufig nach dem spezifisch-exemplarischen Prinzip verläuft und darauf vertraut, dass die im spielgemäßen Vorgehen gesammelten Erfahrungen später auch auf andere Spiele übertragen werden können, handelt es sich bei dem zweiten, hier präferierten Vermittlungsweg um ein integrativ-spielorientiertes Vorgehen. Dabei werden die gemeinsamen Merkmale der Sportspiele herausgegriffen, übergreifend geschult und die erworbenen Kompetenzen in die spezifischen Sportspiele übertragen (Hossner & Roth, 2002; Albert, 2017).

Für die Einführung der Zielschussspiele im Grundschulsport kann der integrative Vermittlungsweg auf der Basis gemeinsamer taktischer Grundsituationen als geeigneter Ansatz gesehen werden. Dieses methodische Vorgehen geht im Kern vom Primat des Spielens aus, das auf selbstbestimmtes Erproben und Problemlösen setzt. Ausgangspunkt eines solchen Unterrichts sind nach Albert (2017) spielnahe bzw. spielechte Spielformen, welche auf die zentralen, für das Spiel wichtigen Grundsituationen reduziert werden und für die zu erlernende Taktik repräsentativ sind (u.a. Mitchell, Oslin & Griffin, 2006). Wichtig ist hierbei, dass die Spielidee stets erkennbar bleibt. Die sich aus diesen Spielformen ergebenden Handlungsprobleme sollen möglichst eigenständig gelöst werden. Als Ergebnis eines solchen Lernprozesses steht am Ende nicht der eine, richtige Lösungsweg, sondern eine Vielzahl möglicher Handlungsoptionen, welche realisiert werden können.

Neben der Beherrschung grundlegender Techniken sind *„das Verständnis und die Fähigkeit, taktische Probleme zu erkennen und sie adäquat zu lösen“* (Hossner & Roth, 2002, S. 113) für Spielanfänger entscheidend. Die Vorbilder eines solchen methodischen Vorgehens *„Teaching Games for understanding“* (Butler & McCahan, 2005) und *„Tactical Games Approach“* (Mitchell, Oslin & Griffin, 2006) betonen – entgegen den lehrerzentrierten methodischen Spielreihen – mit ihrer Fokussierung auf das taktische Lernen ein schülerorientiertes, problemlösendes Vorgehen.

Wichmann (2008) beschreibt drei wichtige Prinzipien für den Lernprozess, die in diesem Zusammenhang Beachtung finden sollten:

- Die Lernenden arbeiten an einem Problem und entwickeln *selbstständig Lösungen*.
- Der Lehrende unterstützt und lenkt den selbsttätigen Prozess der Problemlösung der Lernenden durch gezielte *impulsgebende Fragestellungen*.
- Das Lernen vollzieht sich an ausgewählten Beispielen, durch die *grundlegende Kenntnisse* gewonnen werden können.

Ein solcher Sportunterricht lässt die Lernenden den Sinn und die Funktion der Bewegungsbildung erkennen, lenkt die Aufmerksamkeit auf das Handlungsproblem, fördert über ein variables Lernen eine Handlungsflexibilität auf Seiten der Lernenden sowie über das Finden situativ optimaler Lösungen die schöpferische Freiheit im Bewegungslernen (Brodtmann & Landau, 1982). Diese Überlegungen stimmen überein mit der von Prohl (2017, S. 65) herausgestellten didaktischen Figur des *Zeigens und Finden-Lassens*, die das Bewegungslernen als eine spezifische Form des Problemlösens (Sachaneignung) auffasst.

Das Kasseler Modell

Das Kasseler Modell der integrativen Sportspielvermittlung greift die Forderung nach einer integrativ-spielorientierten Vorgehensweise in den Sportspielen auf und bietet einen Ansatz für die gemeinsame Ausbildung der Zielschussspiele Basketball, Fußball und Handball mit dem Ziel der Entwicklung einer Handlungsfähigkeit im Sportspiel.

Das folgende Kapitel gibt einen Überblick zum Aufbau des Vermittlungsmodells und stellt dessen theoretische Bezüge dar. Um die Modellstruktur und die Vorgehensweise in der Vermittlung besser einordnen zu können, soll zunächst auf den Begriff der Handlungsfähigkeit im Sportspiel eingegangen werden. Ausgehend von den bereits dargelegten gemeinsamen strukturellen Merkmalen – Spielidee und Grundsituationen – richtet sich anschließend der Blick auf die gemeinsamen motorischen und taktischen Merkmale (vgl. auch Adolph, Hönl & Wolf, 2008, S. 31ff.).

Handlungsfähigkeit im Sportspiel

Allgemein betrachtet kann die Handlungsfähigkeit mit dem Begriff der Spielfähigkeit verglichen werden. Spielfähigkeit versteht sich somit als das, „worüber ein Spieler verfügen muss, um [kompetent] mitspielen zu können" (Medler & Schuster, 1996, S. 14). Mit anderen Worten: Beim Erwerb von Spielfähigkeit geht es darum, alle Tätigkeiten innerhalb eines Spiels und sämtliche begleitende Interaktionsprozesse herauszubilden (Kuhlmann, 1999).

Das Konstrukt der Spielfähigkeit gliedert sich in sportspielübergreifende (allgemeine Spielfähigkeit) und -spezifische Komponenten (spezielle Spielfähigkeit). Nur über eine Verbindung der kooperativen und kommunikativen mit den motorischen und kognitiv-taktischen Kompetenzen wird es entsprechend des Begriffsverständnisses von Adolph, Hönl und Wolf (2008) möglich, sich aktiv am Spiel zu beteiligen und zu dessen Verlauf beizutragen. Die Differenzierung in allgemeine und spezielle Spielfähigkeit geht auf Dietrich (1984) zurück und wurde von Adolph, Hönl und Wolf (2008) vertieft. Auf Grundlage der Annahme, dass „nur wer sich an einem Spiel aktiv beteiligen, also mitspielen kann, [...] auch zur Aufrechterhaltung eines Spiels bei[trägt]" (ebd., S. 58) erweitern sie die Ebene der allgemeinen Spielfähigkeit. Abbildung 2 zeigt die Dimensionen der Spielfähigkeit in Anlehnung an Adolph, Hönl und Wolf (2008).

Nach König (1997, S. 209) ist das Konstrukt der Spielfähigkeit unbestritten „zu einer zentralen Leitidee der Sportspielvermittlung geworden". Für ihn verbindet sich mit dieser Fähigkeit die aktive und erfolgreiche Teilnahme an einem Sportspiel, indem man Spielsituationen im Rahmen der Regeln technisch und spieltaktisch, individuell oder in Kooperation mit anderen bewältigt, sie emotional erlebt und mitgestaltet.

Allgemeine Spielfähigkeit	Spezielle Spielfähigkeit
Spielfähigkeit	
Allgemeine Spielfähigkeit bildet die sportspielübergreifenden Grundlagen	Spezielle Spielfähigkeit bildet die sportspielspezifischen Grundlagen
befähigt dazu: • Spiele in Gang zu halten • Spiele im Verlauf zu sichern • Spiele bei Störungen wieder herzustellen	befähigt dazu: • Basketball spielen zu können oder • Fußball spielen zu können oder • Handball spielen zu können
Voraussetzung dafür sind: • Kooperative und kommunikative Fähigkeiten • Koordinative Fähigkeiten • Basistechniken • (Vor)taktische Fähigkeiten und Kenntnisse	Voraussetzung dafür sind: • Konditionelle Fähigkeiten • Technische Fertigkeiten • Taktische Fähigkeiten • Technisch-taktische Kenntnisse

Abb. 2: Dimensionen der Spielfähigkeit

Motorische Merkmale – Basistechniken

Neben den gemeinsamen strukturellen Merkmalen (siehe Kapitel Sportspielvermittlung, S. 19ff.) lassen sich für die Zielschussspiele auch übergreifende motorische Merkmale benennen, dies betrifft die konditionellen und koordinativen Fähigkeiten sowie die gemeinsamen technischen Merkmale.

Für die Zielschussspiele benennen Adolph, Hönl und Wolf (2008) in Anlehnung an Steinhöfer (2003) folgende *konditionelle Anforderungen*:

- Hohe Anforderungen an Schnell-, Explosiv- und Reaktivkraft treten u.a. bei Antritten, häufigen Richtungswechseln und Stoppbewegungen im Zusammenhang mit Angriffs- sowie Verteidigungsaktionen auf.

- In zahlreichen Spielsituationen wie etwa beim Freilaufen, Dribbling, Erreichen von Pässen oder Abschließen von Zielschussaktionen sind Bewegungs-, Reaktions- bzw. Antizipationsschnelligkeit gefordert.

- Abhängig von der Intensität der

Belastung überwiegt im Spiel die aerobe Ausdauerleistungsfähigkeit, die bei den oben angesprochenen Anforderungen aber auch immer wieder zu anaeroben Ausdauerbelastungssituationen wechseln kann.

In allen Sportspielen nehmen die koordinativen Merkmale eine zentrale Rolle ein. Wie Adolph, Hönl und Wolf (2008) aufzeigen, sind bei den Zielschussspielen alle koordinativen Fähigkeiten nach den klassischen Einteilungen von Blume (1978) bzw. Hirtz (1985) gefordert, wobei in Mannschaftsspielen die „Ball-Raum-Mitspieler-Beziehung" (ebd., S. 52) den Schwerpunkt im Anforderungsprofil bilden. Sportspielübergreifende Erscheinungsformen zeigen sich bspw. beim Wahrnehmen und Anspielen freier Mitspieler (Orientierungsfähigkeit), beim schnellen Reagieren auf Abwehrsituationen (Reaktionsfähigkeit) oder bei erfolgreichen Dribblings (Rhythmusfähigkeit). Mit dem von Neumaier und Mechling (1995) vorgeschlagenen und von Kröger und Roth (2002) auf den Ballsport übertragenen integrativen Ansatz vollzieht sich ein Perspektivwechsel hin zur Analyse der koordinativen Anforderungen von Bewegungsaufgaben. Dabei wird zwischen koordinativen Anforderungen und aufgabenbezogenen Druckbedingungen unterschieden.

Für die Lebensphase der mittleren Kindheit ist allgemein eine schnelle Zunahme der motorischen Lernfähigkeit kennzeichnend. Hohe Zuwachsraten ergeben sich besonders bei der Entwicklung der Bewegungsschnelligkeit, der aeroben Ausdauer sowie der koordinativen Fähigkeiten. Die Bewegungsausführungen steigern sich nicht nur qualitativ (Ausprägung der Phasenstruktur und des Bewegungsrhythmus), sondern in beträchtlichem Maße auch quantitativ (etwa in Form von Lauf-, Sprung- und Wurfleistungen). Bei gezielter Schulung der Fähigkeiten sind bemerkenswerte Ausprägungen erreichbar und in diesem Zusammenhang auch Aneignungen sporttechnischer Fertigkeiten möglich, erste angepasste Wettkämpfe wirken motivierend (Winter & Hartmann, 2015; Scheid, 2017).

Mit Blick auf die *technischen Merkmale* weisen Adolph, Hönl und Wolf (2008) auf einige Gemeinsamkeiten der Zielschussspiele hin (vgl. auch Medler & Schuster, 1996). So wird das Spielobjekt geworfen oder geschossen, wobei das Zielen hierbei komplex ist und variiert (u.a. Pass, Zielschuss) und sich Positionen und Räume ständig ändern. Das Spielobjekt wird in Besitz genommen und kontrolliert (Fangen, Annehmen) sowie befördert (Dribbling, Passspiel, Zielschuss). Diese motorischen Aktivitäten werden bei den hier berücksichtigten Zielschussspielen mit der Hand oder mit dem Fuß vollzogen.

Insgesamt sind die Gemeinsamkeiten der Zielschussspiele im technischen Bereich gar nicht so groß und lassen sich als „gemeinsame Spieltätigkeiten" (Medler & Schuster, 1996) oder „Basistechniken" (Adolph, Hönl & Wolf, 2008; Trunk, 2013) bezeichnen. So erfolgt nur im Hand- und Basketball deren Ausführung in ähnlicher Weise mit der Hand. Zu den Basistechniken gehören

- das Werfen und Fangen,

- das Passen und An-/Mitnehmen des Balles,
- das Prellen/Dribbeln und Ballführen sowie
- der Zielschuss.

Der Realisierung von Bewegungstechniken liegen – im Sinne der fähigkeitsorientierten Betrachtungsweise – interne Steuerungs- und Funktionsprozesse zugrunde, die als *motorische Fertigkeiten* bezeichnet werden. „*Sie sind quasi ´eins zu eins´ mit einer äußerlich sichtbaren, strukturellen Ausführungsform verbunden*" (Roth & Roth, 2009, S. 227). Die Entwicklung der motorischen Fertigkeiten in der mittleren Kindheit baut auf der Entwicklung fundamentaler (Greifen, Aufrichten und Gehen) sowie elementarer Bewegungsformen (u.a. Laufen, Springen, Werfen, Fangen) in den ersten sechs Lebensjahren auf und ist dann zunehmend durch den Erwerb eines sportbezogenen Bewegungsrepertoires gekennzeichnet (Scheid, 2017). Roth und Roth (2009, S. 228f.) unterscheiden für die Klassifizierung der motorischen Fertigkeiten drei Differenzierungsaspekte: elementare und sportbezogene Fertigkeiten (Komplexität), geschlossene und offene Fertigkeiten (Variabilität) sowie die Aneignung und Optimierung (Lernphase). Bei der Vermittlung von Sportspielen im Grundschulalter handelt es sich demnach um erste sportbezogene, offene Fertigkeiten, die zunächst in einer aneignenden Lernphase ausgeführt werden. Die Entwicklung dieser Fertigkeiten lässt sich in empirischen Analysen sowohl quantitativ im Resultat erfassen als auch qualitativ in der Ausführung bewerten. Im ballstars-Projekt werden diese Möglichkeiten zur Analyse der Sportspielentwicklung der Grundschulkinder genutzt. In einem eigens entwickelten Ballspiel-Test (BST) wurden sechs Aufgaben zu den grundlegenden Ballfertigkeiten zusammengestellt, wobei der Fokus auf dem Zeit- und Präzisionsdruck der Spielhandlungen liegt. Die gezeigten Leistungen werden sowohl quantitativ erfasst als auch in der Bewegungsausführung qualitativ beurteilt (Julius, Scheid & Albert, 2018).

Systematisierungen von sportbezogenen Bewegungstechniken finden sich primär innerhalb einzelner Sportarten und Disziplinen. Eingehende Beschreibungen zur Entwicklung der Fortbewegung und Zielbewegungen sowie des Werfens und Fangens (motor skills) finden sich bei Schott und Munzert (2010), Haywood und Getchell (2014) sowie Winter und Hartmann (2015). Exemplarisch sollen an dieser Stelle die für das Ballspiel zentralen Fertigkeiten des Werfens und Fangens in ihren für die mittlere Kindheit typischen Merkmalen angesprochen werden:

Die Entwicklung des *Werfens* weist sowohl individuelle als auch geschlechtsspezifische Unterschiede auf. Anfangs sind weder Körperrotation (Rumpf, Oberkörper) noch Schrittgestaltung erkennbar und der Wurf wird vor allem über die Armbewegung realisiert. Im weiteren Entwicklungsverlauf setzen dann sowohl die Schrittgestaltung als auch die Rotationsbewegung des Oberkörpers mit ein. Dabei zeigen die Jungen eine deutlich bessere Armbewegung, hinsichtlich der Hüft- und Rumpfbewegung sind in diesem Altersabschnitt keine geschlechtsspezifischen Unterschiede erkennbar. Davon betroffen ist auch die Steigerung der Wurfleistung, die bei den Mädchen nur etwa 60% der Wurfweiten gleichaltriger Jungen erreicht. Dieser Effekt nimmt mit dem fortschreitenden Alter zu. Begründet wird dieser Befund zumeist mit geschlechtstypisch unterschiedlichen Wurferfahrungen, was auch für das Schießen mit dem Fuß zutreffen dürfte. Nach Winter & Hartmann (2015, S. 295) entwickelt sich die Wurfbewegung ohne vielseitige und anhaltende Übung bis zum Ende der mittleren Kindheit zumeist nur geringfügig.

Aufgrund der Tatsache, dass die Fertigkeit des *Fangens* ebenso stark übungsabhängig ist, lassen sich auch hier in den ersten Schuljahren deutliche Entwicklungsunterschiede beobachten. Während die Fangfertigkeit in einer frühen Phase noch vom Einfangen des Objektes mit den Armen und dem Oberkörper geprägt ist, entwickelt sich nachfolgend das Fangen mit zwei Händen. So sind Heranwachsende im mittleren Kindesalter in der Lage, sowohl auf Brusthöhe zugespielte Bälle als auch Zuspiele in Knie- und Reichhöhe erfolgreich anzunehmen. Auf kleinere Ungenauigkeiten im Zuspiel können sie durchaus zweckmäßig reagieren, indem sie die Flugbahn des Balles antizipieren und ihre Bewegung entsprechend anpassen. Dies ändert sich allerdings in variablen Spielsituationen, wenn das Fangen unter Zeit- und Präzisionsdruck zu absolvieren ist und dafür ein schnelles Reagieren und eine aktive Bewegung zum Ball gefordert sind. *„Werden jedoch Fangübungen und Ballspiele systematisch geübt, so bestätigt sich, das die Kinder zunehmend auch das schnelle, richtige und variable Antizipieren des Ballweges, das entsprechende Reagieren und Einstellen auf den Ball und das erfolgreiche Fangen selbst immer sicherer und vielseitiger erlernen. Diese Fähigkeiten lassen sich so weit schulen, dass gegen Ende dieser Entwicklungsetappe (mittlere Kindheit, d.V.) Ballspiele, die Fangfertigkeiten voraussetzen, mit dem nötigen Erfolg und Spielfluss möglich werden“* (Winter & Hartmann, 2015, S. 295f.).

Bei der Ausbildung im Sinne des Kasseler Modells wird auf Grundlage der gemeinsamen Basistechniken ein Erwerb der spezifischen Techniken zum Ende der Grundschulzeit angestrebt, die es den Kindern erlauben, an den Mini-Zielschussspielen erfolgreich teilzunehmen. Innerhalb der Zielschussspiele können Bälle „rollend“, „springend“ und „fliegend“ in unterschiedlichsten Situationen zum Einsatz kommen. Diese Eigenschaften erfordern von den Schülerinnen und Schülern unterschiedliche Handlungsschemata, um angemessen innerhalb einer Spielsituation agieren und reagieren zu können.

Für die Ausbildung einer umfassenden Handlungsfähigkeit bedeutet dies, technische Fertigkeiten vornehmlich als funktionale Lösungen für Spielprobleme zu sehen. In diesem Zusammenhang sollte vor allem die Funktionalität der Bewegung und nicht die „Idealtechnik“ im Vordergrund der Vermittlung stehen. So können die Lernenden in diesem Kontext beispielsweise individuell funktionale Lösungen erarbeiten und erproben, um einen

Ball sicher annehmen, zielgenau zum Partner passen oder in ein Ziel spielen zu können. Die Lernenden müssen somit gestalterisch tätig werden und ihre gewonnenen Erkenntnisse systematisch einordnen.

Taktische Handlungsziele

Neben den zu entwickelnden technischen Fertigkeiten legt das Kasseler Modell der integrativen Sportspielvermittlung den Schwerpunkt auf die Vermittlung gemeinsamer *taktischer Handlungsziele*.

Taktik kann allgemein als ein kluges und planmäßiges Vorgehen sowie ein geschicktes Ausnutzen einer Situation beschrieben werden. Sie umfasst die Gesamtheit der individuellen sowie kollektiven Verhaltensweisen und Handlungen von Sportlern, welche unter Beachtung des Regelwerks sowie des Partner- und Gegnerverhaltens auf Basis der individuellen Leistungsvoraussetzungen im Sinne eines bestmöglichen Wettkampfergebnisses zur Anwendung kommen (Schnabel, Harre & Krug, 2011). Die Sportwissenschaft stellt den Begriff der Taktik mit der Analyse von kurzfristigen Problemlösungs- bzw. Entscheidungsprozessen in Zusammenhang, in denen Sportler eine optimale Nutzung der eigenen konditionellen, koordinativen und psychischen Ressourcen anstreben (Roth, 2003).

Den taktischen Leistungsvoraussetzungen, welche auf die gezielte Anwendung vorbereitender Handlungen zur Realisierung der Strategie ausgerichtet sind, werden in den Sportspielen ein zentraler Stellenwert zugeschrieben. Taktik wird in diesem Kontext nach Art und Charakteristik der jeweiligen Problemlösungshandlungen in Individual-, Gruppen- und Mannschaftstaktik unterschieden. Individualtaktik beschreibt das ziel- orientierte Handeln und Verhalten des einzelnen Spielers, während das zweckmäßige Zusammenwirken mehrerer Spieler einer Mannschaft als Gruppentaktik definiert wird. Mannschaftstaktik bezieht sich auf das gesamte Kollektiv und beschreibt das Angriffs- und Abwehrverhalten, an deren Lösung die gesamte Mannschaft beteiligt ist (Weineck, 2019).

Fasst man zusammen, so besteht das Ziel taktischen Handelns darin, *zum richtigen Zeitpunkt das Richtige zu tun*. Mitunter bedeutet dies auch, zunächst auf eine vermeintlich resultatbringende Handlung zu verzichten. Durch zusätzliche Maßnahmen können notwendige Informationen für die Beurteilung der Situation gewonnen, dem Gegner falsche Informationen gegeben (Fintieren, Täuschen) und so günstigere Ausführungsbedingungen für die eigene resultatbringende Handlung generiert werden.

Auf Grundlage der in Tabelle 2 (S. 21) dargestellten gemeinsamen Grundsituationen lassen sich für die Zielschussspiele insgesamt fünf taktische Handlungsziele ableiten, welche die Basis für die Entwicklung der Spielfähigkeit (siehe Abbildung 2, S. 24) darstellen: Zusammenspiel, Freilaufen und Anbieten, Herausspielen von Zielschussaktionen und das Verwerten von Zielschussaktionen (Adolph, Hönl & Wolf, 2008; Albert, 2017; Julius, Scheid & Albert, 2019). Diese Handlungsziele beinhalten sowohl individual- als auch gruppentaktisches Handeln. Wie bereits beschrieben, basieren Spielhandlungen auf der Grundlage gegenläufiger Absichten und folgen stets den Prinzipien der Korrespondenz und der Simultanität. Somit sind auch die taktischen Handlungsziele stets aus der Perspektive des Offensiv-, als auch des Defensivverhaltens (siehe Abb. 3, S. 31) zu betrachten.

Die einzelnen taktischen Handlungsziele lassen sich wie folgt beschreiben und sind durch typische Merkmale in den Spielaktionen gekennzeichnet:

- *Zusammenspiel*
  Für ein erfolgreiches Zusammenspiel sind das sichere Zuspielen und Annehmen des Balles grundlegend. Die Zuspiele sollten bei kurzen und langen Pässen vom Spielenden möglichst präzise ausgeführt werden und auch unter Gegnerdruck erfolgreich sein. Das gezielte Zuspiel ermöglicht in der Folge eine gute Annahme und Mitnahme des Balles. Um erfolgreich zusammenzuspielen ist es notwendig, das Spielgeschehen im Blick zu behalten und besser positionierte Mitspielende einzubinden. Anspielbereitschaft sowie das Umschalten nach Ballgewinn oder Ballverlust ermöglichen nachfolgende Spielhandlungen.

- *Anbieten und Freilaufen*
  Wesentliche Herausforderung der Zielschussspiele ist es, sich individuell in eine mannschaftliche Ordnung einzubringen. Dabei ist es von Bedeutung, die eigene Position in Bezug zum Spielgschehen einzuschätzen, die Position des Balles sowie der Mit- und Gegenspieler wahrzunehmen und daraus abgeleitet, Schlüsse für eigene Spielhandlungen zu ziehen. Freie Räume müssen erkannt, antizipiert, geschaffen und genutzt werden. Auch die Fähigkeiten, sich von Gegenspielern zu lösen, sich läuferisch einen Vorteil zu verschaffen sowie sich durch akustische und optische Signale anspielbereit zu zeigen, zählen zu den Grundlagen. Sich anzubieten und freizulaufen eröffnet Möglichkeiten für ein erfolgreiches Zusammenspiel und bildet die Voraussetzung für nachfolgende Spielhandlungen.

- *Herausspielen von Zielschussaktionen*
  Das Handlungsziel dient der Vorbereitung der für die Spielsportarten charakteristischen Zielschussaktionen. Durch individual- oder gruppentaktisches Handeln wird die abschließende Zielhandlung (Wurf, Schuss) vorbereitet. Die Aktionen können durch eine Einzelleistung bestimmt sein (Individualtaktiken und -techniken, z.B. Finten, Dribbling) oder durch Einbeziehung eines oder mehrerer Mitspieler zum Erfolg führen. Erschwerend kommt hinzu, dass das Herausspielen abschließender Aktionen in der Regel unter Druck und Abwehr des Gegners erfolgt.

- *Verwerten von Zielschussaktionen*
  Das Handlungsziel umfasst die finalen Zielhandlungen der Angriffsversuche. Die Zielschussaktionen beziehen sich auf eine Individualleistung oder auf das Zusammenspiel von zwei Personen. Dabei las-

sen sich das Anspiel zum Korbwurf, Torwurf oder Torschuss (Assist), die finale Ballannahme und das Verwerten der Zielschussaktion unterscheiden. Auch die abschließenden Aktionen erfolgen in der Regel unter Druck und Abwehr des Gegners.

- *Defensivverhalten*
  Beim konkurrierenden Spiel behält der Defensivspieler seinen Gegenspieler im Blick und stellt oder läuft mögliche Passwege zu. Durch das Zulaufen von Räumen oder Schließen von Lücken werden die Gegner unter Druck gesetzt (Pressing) und zu Fehlern verleitet. Das sogenannte „Pressing-Spiel" kann zu technischen und taktischen Fehlern auf Seiten der angreifenden Mannschaft und somit zur erfolgreichen Balleroberung der Defensivmannschaft führen. Ein sofortiges Umschalten von Angriff auf Abwehr nach einem Ballverlust oder Abschluss unterstützt das Defensivverhalten und erhöht die Wahrscheinlichkeit, einen Punktgewinn des Gegners zu verhindern.

Auch zu diesem zentralen Bereich des Vermittlungsansatzes wurde im Rahmen des ballstars-Projekts ein standardisiertes Erhebungsverfahren entwickelt. Zur Erfassung des spieltaktischen Handelns der Grundschulkinder wurde dazu ein Beobachtungsbogen (Taktik-Handlungs-Test, THT) mit insgesamt 26 Items zu den fünf taktischen Grundsituationen erstellt und anhand des Zonenball-Spiels mit der Hand und dem Fuß erprobt (Albert, Julius & Scheid, in Druck).

Struktur des Modells

Das Kasseler Modell zur integrativen Sportspielvermittlung besteht aus drei Lernstufen, wobei die Grenzen zwischen diesen durchlässig sind. Die Gewichtung der einzelnen Stufen im Unterricht hängt vom jeweiligen Leistungsniveau der Lerngruppe ab. Abbildung 3 zeigt die Struktur des Vermittlungsmodells im Überblick.

Die *erste Lernstufe* umfasst die für die Zielschussspiele grundlegenden Lern- und Leistungsvoraussetzungen. Neben dem Erlernen von Basistechniken wie dem Werfen, Fangen oder Schießen steht die Schulung konditioneller sowie koordinativer und antizipativer Fähigkeiten im Umgang mit rollenden, springenden und fliegenden Bällen sowie der Umgang mit Druckbedingungen im Vordergrund. Hinzu kommen erste Spielerfahrungen, welche sich zunächst auf die ersten beiden taktischen Handlungsziele „Zusammenspiel" sowie „Freilaufen und Anbieten" konzentrieren.

Mit der *zweiten Lernstufe*, der sportspielübergreifenden Handlungsfähigkeit, nimmt die Komplexität von Technik und Taktik zu. Bezogen auf das taktische Handeln heißt dies, dass aus dem Miteinander vermehrt ein Gegeneinander spielen wird, was eine zunehmende Thematisierung der weiteren drei taktischen Handlungsziele bedeutet. So steht neben der Schulung des Zusammenspiels und der Verbesserung des Freilauf- und Deckungsverhaltens auch das Herausspielen und Verwerten von Zielschussaktionen im Vordergrund. Die

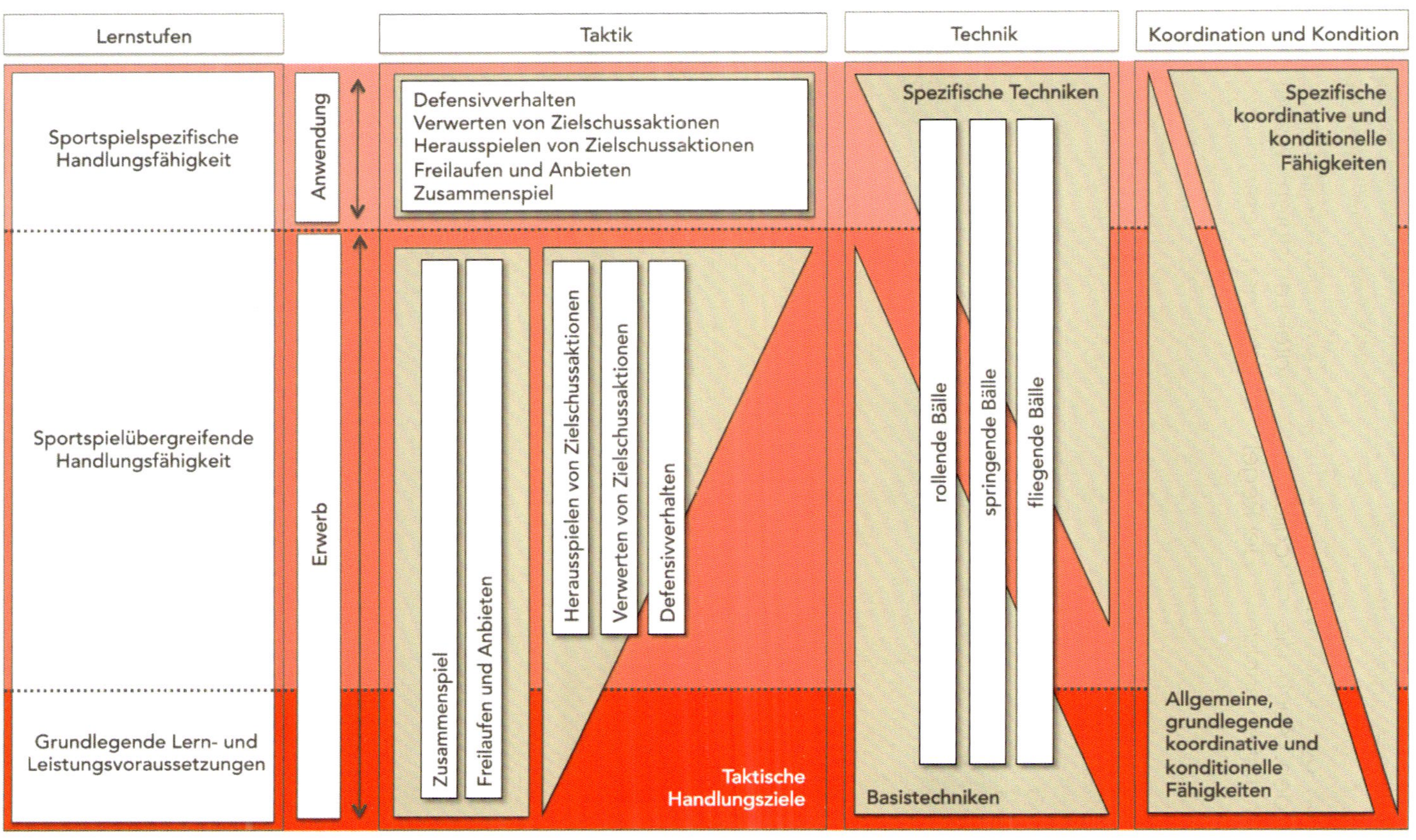

Abb. 3: Struktur des Kasseler Modells der integrativen Vermittlung der Zielschussspiele

erforderlichen Techniken werden mit Blick auf die im Grundschulsport angestrebten Mini-Zielschussspiele zunehmend spezifischer.

Die *dritte Lernstufe* überträgt die zunächst übergreifend erworbenen Kompetenzen in die Zielspiele Handball, Fußball, Basketball und bringt sie dort spezifisch zur Anwendung. Hier werden – bezogen auf das spezifische Zielschussspiel – einerseits das taktische Verhalten in reduzierten wie komplexen Spielsituationen und andererseits die technischen Fertigkeiten in Übungs- und Spielformen geschult und gefestigt. Das taktisch und technisch kompetente Handeln in den Zielspielen (Mini-Zielschussspiele), die sogenannte sportspielspezifische Handlungsfähigkeit, stellt somit die Zielgröße des Vermittlungsmodells dar.

Damit schließen die grundlegenden Ausführungen zur Bedeutung des Spielens sowie den Grundlagen und Merkmalen einer integrativen Vermittlung im Grundschulalter. Ausgehend von den dargelegten Modellstufen werden nachfolgend erprobte Spiel- und Übungsformen systematisch vorgestellt.

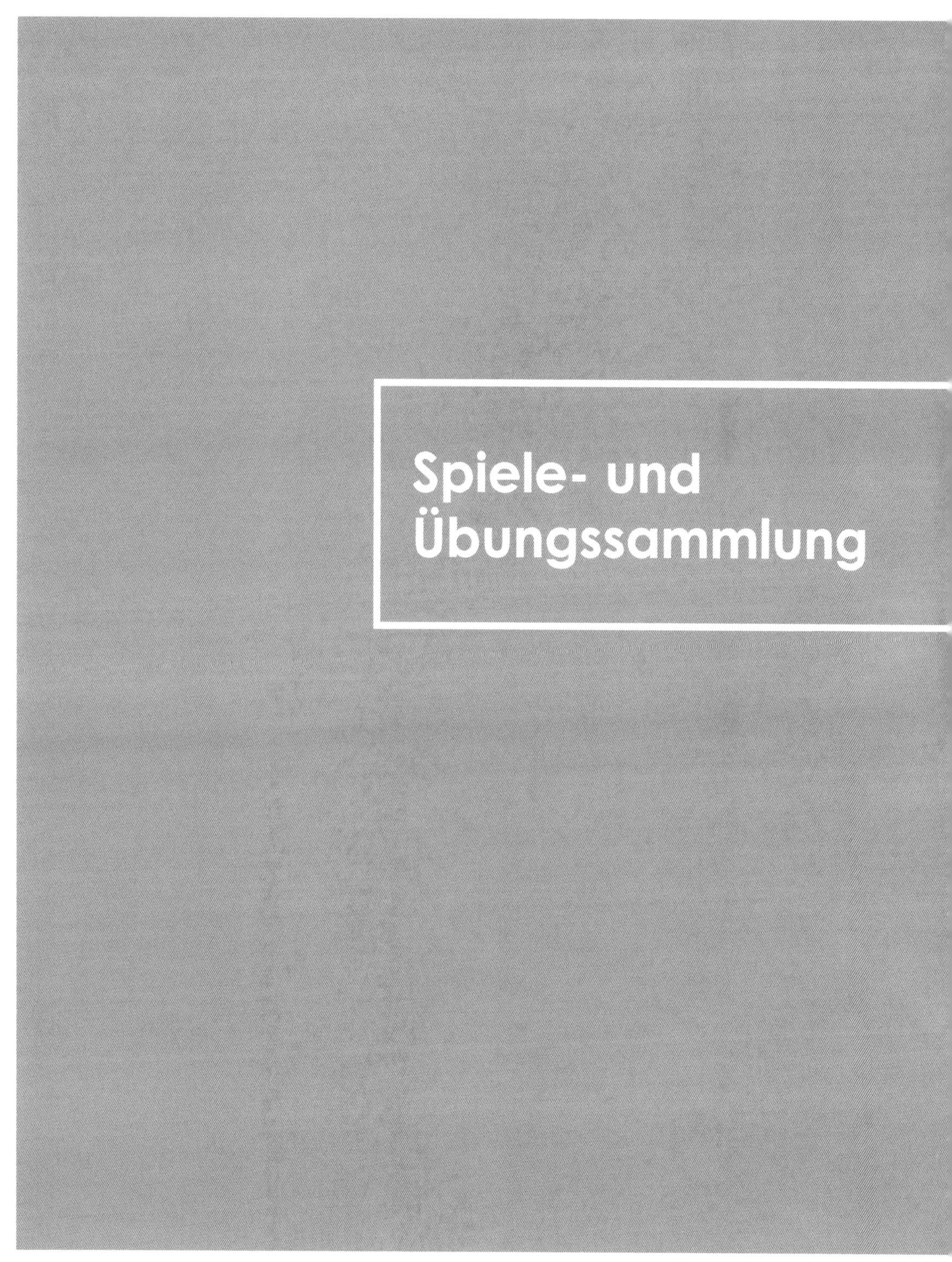
Spiele- und
Übungssammlung

Struktur der Spiele- und Übungssammlung

Beschreibung, Systematik und Verzeichnis

Der nachfolgende Praxisteil des Buches präsentiert eine umfangreiche *Sammlung an Spiel- und Übungsformen*, die im Rahmen der integrativen Vermittlung der Zielschussspiele in den ballstars-Gruppen mit Grundschulkindern entwickelt und erprobt wurden. Dabei handelt es sich nicht einfach um eine Zusammenstellung von A bis Z, sondern um eine systematisierte Darstellung, die den Zielsetzungen der drei Lernstufen des Kasseler Modells folgt.

Einige der weit verbreiteten Spiele finden sich – teilweise unter verschiedenen phantasiereichen Namensgebungen – auch in anderen bewährten Spielesammlungen, andere Spielformen hingegen wurden für den hier vertretenen Vermittlungsweg erst entwickelt und erprobt. Die Besonderheit der vorliegenden Sammlung liegt primär in der systematischen Verknüpfung der vielfältigen Spielformen mit dem gestuften integrativen Vermittlungsansatz. Im Folgenden werden einleitende Hinweise zur Beschreibung der Spiele, ihrer systematischen Zuordnung und dem Aufbau der Verzeichnisse der Spiele gegeben.

Beschreibung der Spiel- und Übungsformen

Die *Beschreibung* der Spiele konzentriert sich auf die grundlegenden Merkmale und verzichtet auf großzügige Erläuterungen. In der Regel werden Informationen zu Organisation und Aufbau, Zielsetzung und Durchführung sowie zu Teilen auch zur Bewertung gegeben. Ergänzend kommen Angaben zu den benötigten *Materialien* sowie Vorschläge für die *Variation* der Spielform hinzu.

Die Angaben konzentrieren sich bewusst auf die wesentlichen Aspekte für eine erfolgreiche Planung und Durchführung der Spiele. Damit verbunden ist der Gedanke, dass die Spiele – mit Blick auf die Zusammensetzung und das Leistungsniveau der jeweiligen Gruppen sowie die unterschiedlichen räumlichen und materialen Bedingungen der verfügbaren Sportstätten – leicht anzupassen und flexibel zu gestalten sind. Ergänzend veranschaulichen die *Illustrationen* der Spiele zentrale Szenen und geben Hinweise zum möglichen Aufbau und Verlauf der Spiele. Hinzu kommen teilweise ergänzende Symbole (z.B. Pfeife, Richtungspfeile) oder Reihenbilder, die unterschiedliche Phasen eines Spiels aufzeigen.

Folgende Überlegungen zu den Spielbeschreibungen sind hervorzuheben:

- *Anpassung der Spiele*
  Die Spielesammlung versteht sich als ein Vorschlag, ein Impuls. Die Spiele können je nach Lerngruppe und Rahmenbedingungen an vielen Stellen angepasst und modifiziert und somit auf die Bedürfnisse und das Leistungsniveau der jeweiligen Lerngruppe angepasst werden (z.B. Anzahl der Spieler, Mannschaftsgröße, Spielzeit).

- *Spielfeld und Spielgerät*
  Die Angaben zur Größe und Aufteilung des Spielfeldes dienen der

Orientierung und sind veränderbar. Mögliche Änderungen dienen dabei nicht nur der Anpassung an gegebene Bedingungen, sondern bewirken zugleich u.U. entscheidende Veränderungen des Spiels etwa bezogen auf die Anforderungen und Intensität (Beispiel Parteiball: kleineres Spielfeld = weniger Zeit zum Entscheiden und größerer Gegnerdruck, kürzere Pässe; größeres Spielfeld = mehr Zeit zum Entscheiden, lange Pässe sind möglich).

Ebenso kann ein Spiel durch den Austausch von Bällen einen anderen Charakter erlangen (u.a. anderes Sprungverhalten, andere Ballgrößen). Verbunden mit entsprechenden Vereinbarungen zur Spielweise, lassen sich Spiele entsprechend der Anforderungen der Zielspiele variabel anpassen (u.a. mit Fuß oder Hand spielen, Bälle nur rollen oder direkt passen).

- *Komplexität*
  Die Festlegung der Komplexitätsstufen (I = gering, II = mittel, III = hoch) erfolgte auf Grundlage einer Erprobung der Spielformen in den ballstars-Gruppen. Sie können daher nur als relative Schwierigkeitsrangfolge verstanden werden und müssen immer in Abhängigkeit des Lern- und Entwicklungsstandes der Gruppe neu bewertet werden.

Auch durch die möglichen angesprochenen Änderungen und Anpassungen in den Spielabläufen ergeben sich mitunter andere Komplexitäten, welche stets bedacht werden sollten (Beispiele: Hinzunahme eines weiteren Balles, eine bestimmte Anzahl an Pässen muss vor der Zielhandlung gespielt werden, mehrere Ziele sind gegeben).

- *Bewertungen und Punkteregelungen*
  Bei den Spielbeschreibungen werden nur vereinzelt Bewertungsvorschläge gegeben. Für die Zählweise von erzielten Punkten und Toren existieren zahlreiche Möglichkeiten der Anpassung. Es besteht ebenso die Möglichkeit, auf das Zählen von Punkten komplett zu verzichten, um dem Spielgeschehen und Miteinander einen größeren Stellenwert einzuräumen als dem Konkurrieren und Gewinnen.

- *Stundenbeispiele*
  Der Praxisteil des Buches bietet eine umfangreiche Sammlung von Spiel- und Übungsformen. Daran anknüpfend werden im abschließenden Kapitel Stundenbeispiele einige in den ballstars-Gruppen erprobte Unterrichtsstunden vorgestellt. Diese Beispiele sollen die mögliche Auswahl und Kombination von Spielformen bezogen auf die Handlungsziele des Vermittlungsansatzes veranschaulichen und Anregungen zur eigenen Stundenplanung geben.

Systematik der Spiel- und Übungsformen

Die Systematik der Spiele- und Übungssammlung ergibt sich aus dem Ansatz und den Inhalten des Kasseler Modells und den dazugehörigen drei Lernstufen (siehe Kapitel Grundlagen der integrativen Sportspielvermittlung,

S. 11ff). Durch diesen Aufbau ist es möglich, Spielformen, die hinsichtlich ihrer angesprochenen Lernpotentiale betrachtet wurden, inhaltlichen Schwerpunkten zuzuordnen. Hierdurch kann je nach Zielsetzung der Sportstunde, der Unterrichtseinheit oder des Trainings eine zielgerichtete Auswahl erfolgen, um einen geplanten Lernprozess zu initiieren. Durch verschiedene Komplexitätsstufen kann innerhalb der einzelnen Zielrichtungen eine flexible Auswahl passend für jede Lerngruppe und deren Niveaus erfolgen.

Auf der ersten Lernstufe wird eine Differenzierung in *rollende, springende und fliegende Bälle* vorgenommen. Ergänzend erfolgt eine Zuordnung zu den *Basistechniken Prellen und Dribbeln, Passen und Fangen sowie Werfen und Schießen*. Zur Einschätzung der Komplexität der Spielform sind die Abstufungen I bis III vorgesehen, wobei auf der ersten Lernstufe überwiegend die Kategorie I auftritt. Die nachfolgende Tabelle 3 zeigt beispielhaft eine Kopfzeile, die jeweils vor Beginn der einzelnen Spielbeschreibungen aufgeführt ist. Die blau hervorgehobenen Kategorien entsprechen der Einordnung des jeweiligen Spiels in das Vermittlungsmodell. Die beschriebenen Variationen zeigen in der Regel weitere mögliche Zuordnungen auf.

Die Spielvermittlung auf der ersten Lernstufe steht in einem Zusammenhang mit grundlegenden koordinativen und konditionellen Fähigkeiten. Da diese bei Grundschülern nicht immer vorausgesetzt werden können bzw. der Übung bedürfen, wird auf dieser Lernstufe exemplarisch eine Reihe von Koordinationsübungen mit dem *rollenden, springenden und fliegenden Ball* vorangestellt. Die Beispiele beziehen sich auf Übungsformen, die alleine mit einem oder zwei Bällen und in Partnerarbeit ausgeführt werden können. Die Übungen sind vielfach zu variieren und zu verändern und können bei Bedarf im Stundenverlauf auch immer wieder zum Einsatz kommen.

Tab. 3: Lernstufe 1 - Grundlegende Lern- und Leistungsvoraussetzungen am Beispiel Jokerball (S. 68)

Rollender Ball	Prellen / Dribbeln	Komplexität I
Springender Ball	Passen / Fangen	Komplexität II
Fliegender Ball	Werfen / Schießen	Komplexität III

Auf der zweiten Lernstufe bleibt zunächst die Unterscheidung zwischen *rollendem, springendem und fliegendem Ball* erhalten. Auch die Einschätzung der Komplexität der Spielform erfolgt unverändert in einer Abstufung von I bis III, wobei nun vermehrt die Kategorien II und auch III auftreten. An die Stelle der Zuordnung von Basistechniken treten auf dieser Lernstufe die vier zentralen taktischen Handlungsziele: *Zusammenspiel, Freilaufen und Anbieten, Herausspielen von Zielschussaktionen sowie Verwerten von Zielschussaktionen*. Die in Tabelle 4 abgebildete Kopfzeile findet sich jeweils zu Beginn der Beschreibung der Spiele dieser Lernstufe. Die blau hervorgehobenen Kategorien entsprechen der Einordnung des jeweiligen Spiels in das Vermittlungsmodell. Die Variationen zeigen in der Regel weitere mögliche Zuordnungen auf.

Tab. 4: Lernstufe 2 – Sportspielübergreifende Handlungsfähigkeit am Beispiel Drei-Felder-Fußball (S. 82)

Rollender Ball	Zusammenspiel	Herausspielen von Zielschussaktionen	Komplexität I
Springender Ball			Komplexität II
Fliegender Ball	Freilaufen und Anbieten	Verwerten von Zielschussaktionen	Komplexität III

In der Weiterführung der Spielesammlung von der zweiten zur dritten Lernstufe wird – neben den vier taktischen Handlungszielen und der Komplexitätseinschätzung (I bis III) – zusätzlich in die drei angestrebten *Zielschussspiele Basketball, Fußball und Handball* unterschieden. Auch hierzu findet sich die nachfolgende Kopfzeile (Tabelle 5) jeweils zu Beginn der Spielbeschreibungen. Die blau hervorgehobenen Kategorien entsprechen der Einordnung des jeweiligen Spiels in das Vermittlungsmodell. Weitere mögliche Zuordnungen sind in den beschriebenen Variationen enthalten.

Tab. 5: Lernstufe 3 – Sportspielspezifische Handlungsfähigkeit am Beispiel Königsball (S. 107)

Basketball	Zusammenspiel	Herausspielen von Zielschussaktionen	Komplexität I
Fußball			Komplexität II
Handball	Freilaufen und Anbieten	Verwerten von Zielschussaktionen	Komplexität III

Am Ende der dritten Lernstufe werden die drei *Mini-Spiele für Basketball, Fußball und Handball* (S. 128-130) beschrieben. Diese aus den jeweiligen großen Sportspielen abgeleiteten komparativen Spielformen gelten als eine Zielgröße des integrativen Vermittlungsmodells für das Grundschulalter. Abschließend wird eine *Turnierform* (S. 131) vorgestellt. Die Grundidee ist dabei, dass die Kinder – vielfach zum ersten Mal – alle drei Mini-Zielschussspiele anlässlich eines Turniertages ausführen.

Struktur der Spiele- und Übungssammlung

Verzeichnis der Spiel- und Übungsformen

Jeweils zu Beginn der Darstellung der Spiel- und Übungsformen auf den drei Lernstufen findet sich ein Spieleverzeichnis (siehe Seiten 40, 78 und 106). Die dabei verwendete Systematik greift die für die Spiel- und Übungsbeschreibungen verwendeten Kategorien auf.

Auf den ersten beiden Lernstufen folgt die Reihung den Merkmalen des rollenden, springenden und fliegenden Balles sowie in einzelnen Fällen deren Kombination. Ergänzend kommen Angaben zu den betroffenen Basistechniken (Lernstufe 1) bzw. taktischen Handlungszielen (Lernstufe 2) hinzu, auch die Komplexität ist aufgeführt.

Auf der dritten Lernstufe sind die Spielformen nach den drei Zielspielen Basketball, Fußball und Handball geordnet. Die Mini-Spiele und die Turnierform bilden hier den Abschluss des Verzeichnisses. Angaben zu den angesprochenen taktischen Handlungszielen sowie zur Komplexität vervollständigen auch hier das Verzeichnis.

Die drei Verzeichnisse bieten jeweils eine Übersicht zu den nachfolgend beschriebenen Spielen und ermöglichen es, diese gezielt nach ihren grundlegenden technischen und taktischen Merkmalen auszuwählen. Für Sportstunden und Trainingseinheiten lassen sich somit gezielt Spiel- und Übungsformen gemäß ihrer Anforderungen und Komplexität auswählen und zusammenstellen.

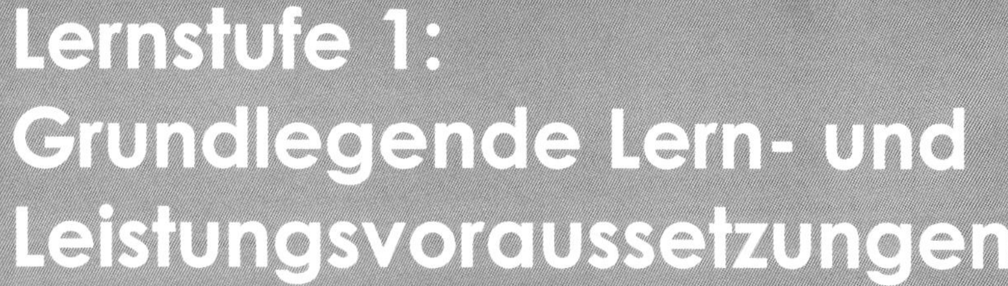

Lernstufe 1: Grundlegende Lern- und Leistungsvoraussetzungen

Verzeichnis der Spiel- und Übungsformen

Koordinationsübungen mit rollenden Bällen

Alleine mit einem Ball

- sich den Ball in Form einer 8 durch die Beine rollen (im Stand und in der Bewegung)
- verschiedene Figuren oder Zahlen mit dem Ball rollen
- den Ball rollen und mit verschiedenen Körperteilen zum Stoppen bringen (z.B. Ellbogen, Stirn, Gesäß, Knie, ...)
- den Ball auf einer Linie rollen (mit Fuß und Hand)

Alleine mit zwei Bällen

- gleichzeitig zwei Bälle mit der Hand rollen (alternativ: einen Ball mit der Hand, einen mit dem Fuß)
- einen Ball vorrollen, mit dem zweiten Ball den vorgerollten Ball umrollen
- einen Ball vorrollen, mit dem anderen Ball den vorgerollten Ball ankegeln (mit der Hand oder mit dem Fuß)

Zu Zweit mit einem oder zwei Bällen

- zwei Bälle gleichzeitig oder kurz nacheinander zurollen (verschiedene Stopp- und Laufvarianten möglich)
- einen Ball mit der Hand, den anderen mit dem Fuß zurollen
- Hand in Hand den Ball mit den Füßen am rollen halten

Bei den Übungsformen mit zwei Bällen können rollende auch mit springenden oder fliegenden Bällen kombiniert werden.

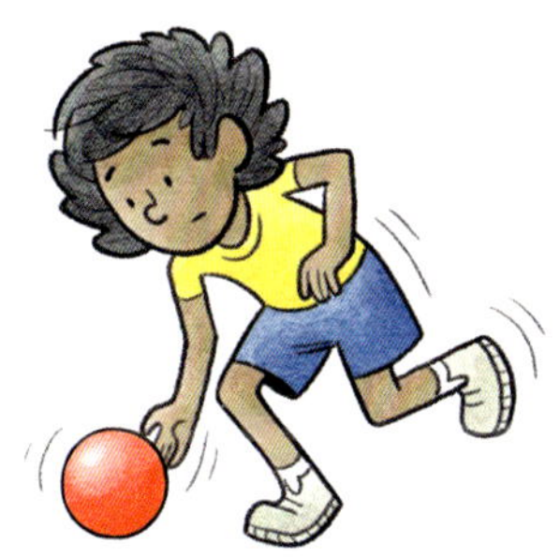

Koordinationsübungen mit springenden Bällen

Alleine mit einem Ball

- in der Bewegung den Ball vor sich prellen (rechte Hand, linke Hand, beide Hände)
- prellen mit verschiedenen Laufvariationen (Hopserlauf, Seitgalopp, Springen, ...)
- den Ball möglichst flach/möglichst hoch prellen
- mit geschlossenen Augen prellen, erst im Stand, dann in der Bewegung
- den Ball fest aufprellen und hinter dem Rücken fangen
- den Ball fest aufprellen, unter dem Ball hindurch gehen, einmal hinter dem Rücken aufspringen lassen, wieder hindurch gehen und vor dem Körper fangen
- Prellen in der Bewegung und dabei den freien Arm kreisen lassen

Alleine mit zwei Bällen

- gleichzeitig zwei Bälle im Stand/in der Bewegung prellen (synchron, asynchron)
- gleichzeitiges Prellen mit zwei unterschiedlichen Bällen (Basketball, Handball)

Zu Zweit mit einem oder zwei Bällen

- den Prellrhythmus in der Bewegung des Partners aufnehmen
- zwei Bälle gleichzeitig prellen, auf Kommando Balltausch und den Ball des Partners weiter prellen
- zwei Bälle dem gegenüberstehenden Partner zuprellen und der Partner prellt weiter

Bei den Übungsformen mit zwei Bällen können springende auch mit fliegenden oder rollenden Bällen kombiniert werden.

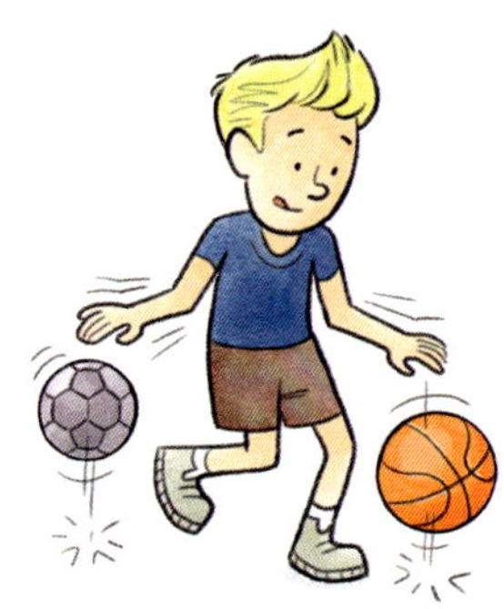

Koordinationsübungen mit fliegenden Bällen

Alleine mit einem Ball

- den Ball gerade nach oben werfen und wieder fangen
- den Ball hochwerfen und im Sprung fangen
- den Ball hochwerfen und am tiefsten Punkt fangen (bevor der Ball den Boden berührt)
- den Ball hochwerfen, mehrfach in die Hände klatschen und den Ball wieder fangen
- den Ball hochwerfen, eine Drehung machen und den Ball wieder fangen
- den Ball in der Bewegung hochwerfen und hinter dem Rücken wieder fangen, den Ball in der Bewegung von hinten wieder nach vorne werfen und fangen
- den Ball im Stand hochwerfen und im Grätschsitz zwischen den Beinen auftippen lassen, danach im Stand fangen

Alleine mit zwei Bällen

- zwei Bälle gleichzeitig hochwerfen und wieder fangen
- zwei Bälle abwechselnd hochwerfen und wieder fangen
- zwei Bälle gleichzeitig über Kreuz hochwerfen und wieder fangen

Zu Zweit mit einem oder zwei Bällen

- zwei Bälle gleichzeitig zuwerfen und fangen
- jeder Partner hat einen Ball: Die Bälle werden hochgeworfen, die Partner klatschen sich ab und jeder fängt wieder seinen Ball
- ein Partner wirft seinen Ball gerade nach oben, bekommt einen Ball vom Partner zugeworfen, wirft diesen zurück und fängt seinen hochgeworfenen Ball wieder
- zuwerfen mit einem oder zwei Bällen in der Bewegung (verschiedene Laufvariationen und Aufstellungsformen)

Bei den Übungsformen mit zwei Bällen können fliegende auch mit springenden oder rollenden Bällen kombiniert werden.

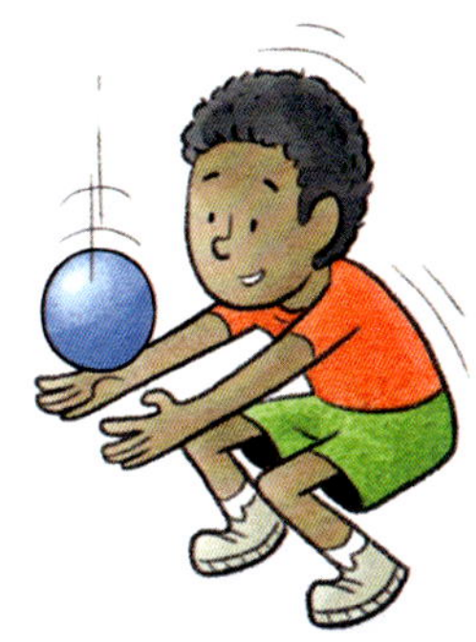

Ballwechsel

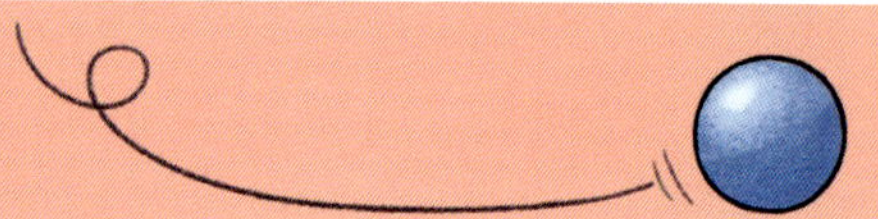

Rollender Ball	Prellen / Dribbeln	Komplexität I
Springender Ball	Passen / Fangen	Komplexität II
Fliegender Ball	Werfen / Schießen	Komplexität III

Jedes Kind hat einen Ball. In einem markierten Feld dribbeln sie diesen mit dem Fuß vor sich her. Auf ein akustisches oder optisches Signal (Handzeichen, wobei der Blick vom Ball gelöst werden muss) werden alle Bälle schnellstmöglich angehalten. Danach suchen sich die Kinder einen neuen Ball eines anderen Kindes und dribbeln mit diesem weiter.

Material: Bälle, Hütchen

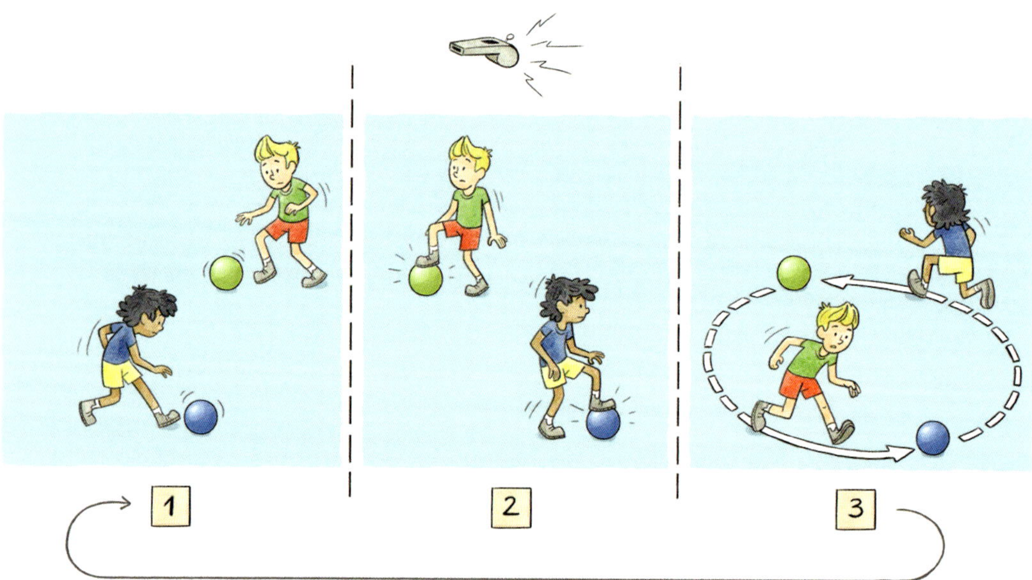

Variation

- Die Bälle werden rückwärtslaufend gedribbelt.
- Die Bälle werden geprellt (springender Ball) oder im Wechsel mit Hand gerollt und Fuß geführt.
- Die Bälle dürfen nur mit bestimmten Körperteilen gestoppt werden (z.B. Knie, Kopf, Ellenbogen).

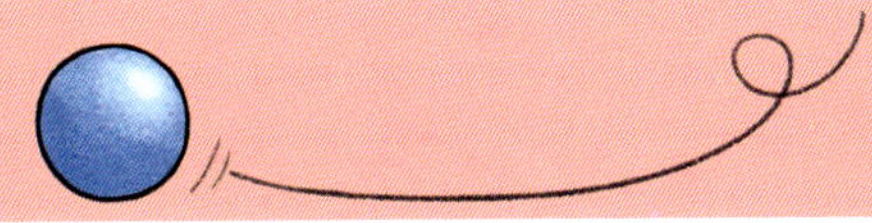

Bälle klauen

Rollender Ball	Prellen / Dribbeln	Komplexität I
Springender Ball	Passen / Fangen	Komplexität II
Fliegender Ball	Werfen / Schießen	Komplexität III

In einem markierten Spielfeld hat die Mehrzahl der Kinder einen Ball. Ziel des Spiels ist es, dass die Kinder ihren Ball mit dem Fuß dribbeln, während die Kinder ohne Ball versuchen, an einen der Bälle zu gelangen. Wenn sie dabei erfolgreich sind, wechselt die Aufgabe.

Material: Bälle, Hütchen

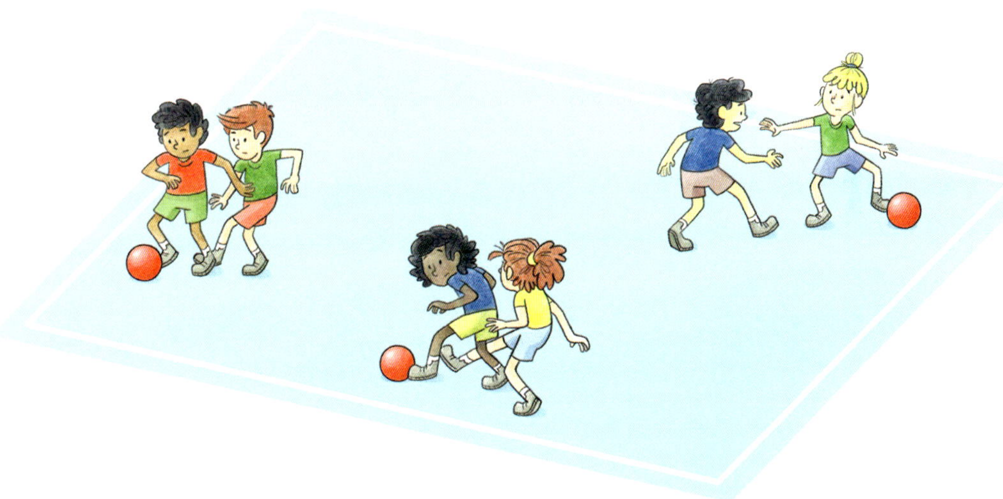

Variation

- Je weniger Kinder einen Ball haben, desto mehr Druck wird auf die ballführenden Kinder ausgeübt.
- Das Spiel kann auch mit der Hand prellend (springender Ball) oder rollend ausgeführt werden.

Hütchenwald

Rollender Ball	Prellen / Dribbeln	Komplexität I
Springender Ball	Passen / Fangen	Komplexität II
Fliegender Ball	Werfen / Schießen	Komplexität III

In einem begrenzten Feld werden Hütchen aufgestellt. Jedes Kind hat einen Ball am Fuß und dribbelt diesen durch das Feld. Während des Dribbelns darf kein Kind ein Hütchen berühren oder umwerfen. Das Ziel ist es, den Hütchen durch geschickte Ballführung und Beachtung der Mitspieler auszuweichen.

Material: Bälle, Hütchen

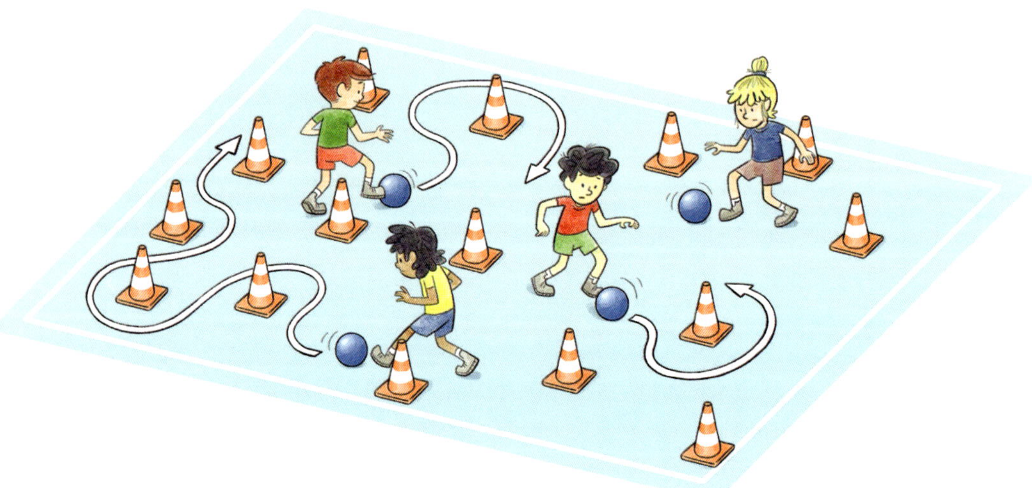

Variation

- Den Ball nur mit dem rechten / linken Fuß führen, abwechselnd führen, auf Kommando den Ball mit Fuß / Knie / Hand stoppen.
- Das Spiel kann auch mit der Hand prellend (springender Ball) ausgeführt werden.
- Mit der Anzahl der Hütchen und der Veränderung der Abstände kann die Schwierigkeit des Spiels variiert werden.

Zahlen-Dribbling

Rollender Ball	Prellen / Dribbeln	Komplexität I
Springender Ball	Passen / Fangen	Komplexität II
Fliegender Ball	Werfen / Schießen	Komplexität III

Alle Kinder dribbeln mit einem eigenen Ball am Fuß innerhalb eines abgegrenzten Spielfeldes. Auf Nummernzuruf müssen die Spieler verschiedene Aufgaben lösen. Jede Nummer steht für eine bestimmte Aufgabe. Zum Beispiel muss bei Nummer 3 der Ball mit der Stirn gestoppt werden.

Material: Bälle, Hütchen

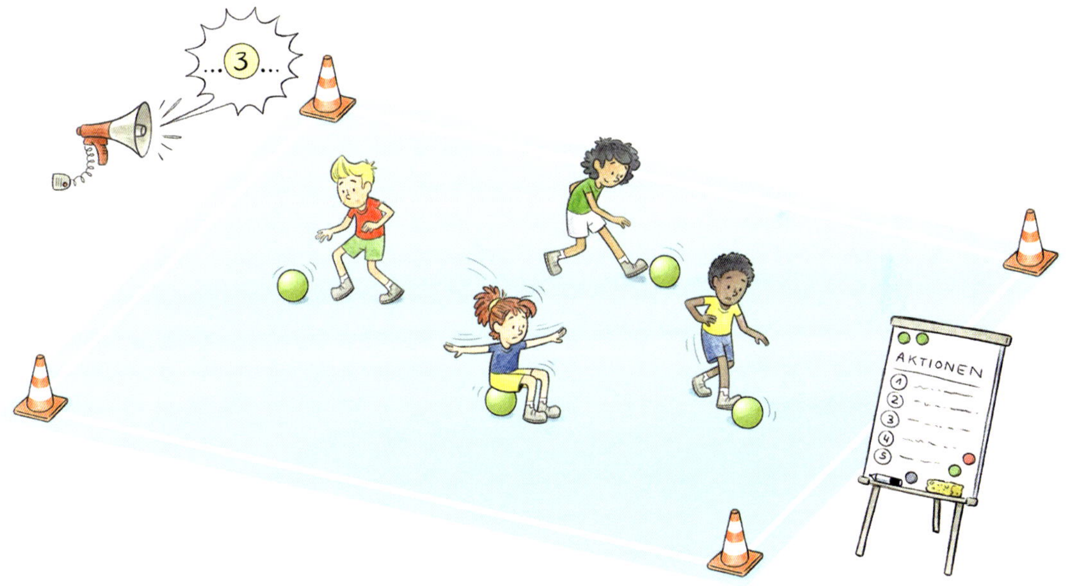

Variation

- Beispiele für Aufgaben: Ball mit Sohle stoppen, mit Hand stoppen, Ball aufnehmen, hochwerfen und fangen, je nach Nummer können unterschiedliche Punkte außerhalb des Feldes angelaufen werden.
- Das Spiel kann auch mit der Hand prellend (springender Ball) ausgeführt werden.
- Es können auch optische Signale (Handzeichen) gegeben werden, wobei die Kinder den Blick vom Ball lösen müssen.

Kreisball

Rollender Ball	Prellen / Dribbeln	Komplexität I
Springender Ball	Passen / Fangen	Komplexität II
Fliegender Ball	Werfen / Schießen	Komplexität III

Die gesamte Gruppe stellt sich in einem Kreis auf. Jedes Kind hat einen Ball am Fuß, der in eine vorgegebene Richtung gedribbelt werden muss. Auf ein Zeichen des Spielleiters stoppen die Kinder ihren Ball – auf ein erneutes Zeichen dribbeln sie in die entgegengesetzte Richtung weiter.

Material: Bälle

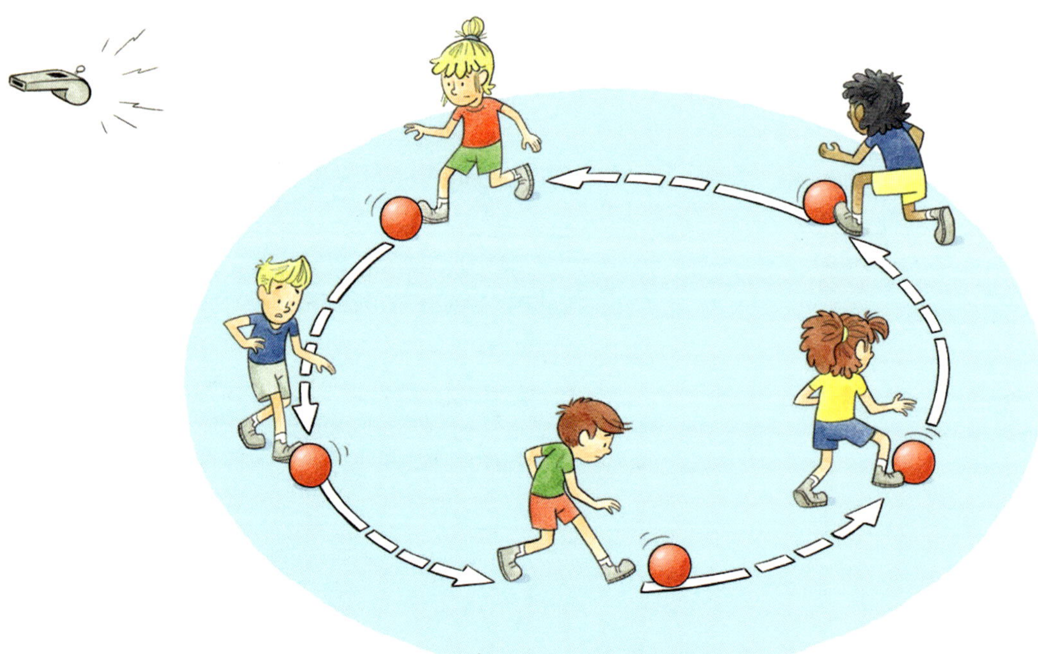

Variation

- Nach Zeichen des Spielleiters wird der eigene Ball nach rechts / links übergeben und mit dem neuen Ball weitergedribbelt.
- Das Spiel kann auch mit der Hand prellend (springender Ball) ausgeführt werden.

Matten-Rollball

Rollender Ball	Prellen / Dribbeln	Komplexität I
Springender Ball	Passen / Fangen	Komplexität II
Fliegender Ball	Werfen / Schießen	Komplexität III

Vier Matten werden in gleichen Abständen in der Halle verteilt. Es werden vier Teams gebildet und auf jeder Matte fünf Bälle platziert. Jedes Team bekommt seine eigene Matte zugeteilt. Nach dem Startsignal haben die Spieler fünf Minuten Zeit, so viele Bälle wie möglich mit dem Fuß von anderen Matten zu ihrer eigenen Basis zu rollen. Es darf pro Lauf immer nur ein Ball befördert werden. Zweikämpfe auf dem Feld und den Matten sind nicht erlaubt. Das Team, welches nach Ablauf der Zeit die meisten Bälle auf seiner eigenen Matte liegen hat, hat gewonnen.

Material: Bälle, Matten

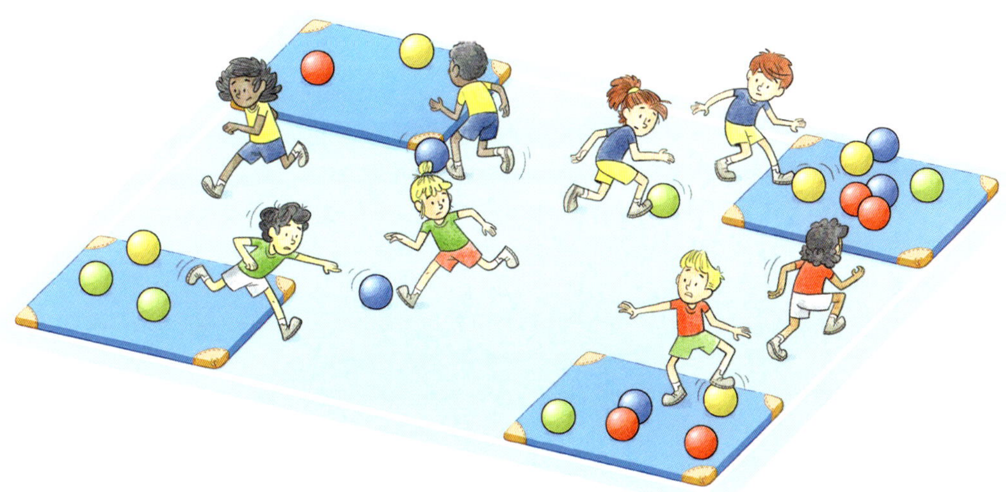

Variation

- Das Spiel kann mit der Hand prellend gespielt werden (springende Bälle).
- Durch eine Veränderung der Anzahl der Bälle, der Größe des Spielfeldes und der Spieldauer kann das Spiel variiert und der Gruppe angepasst werden.
- Zweikämpfe und Verteidigungsaktionen können hinzugenommen werden.

Hindernisstaffel

Rollender Ball	Prellen / Dribbeln	Komplexität I
Springender Ball	Passen / Fangen	Komplexität II
Fliegender Ball	Werfen / Schießen	Komplexität III

Ein Parcours wird aufgebaut. Dieser besteht aus mehreren Hütchen und Reifen, die hintereinander aufgebaut sind. Die Kinder müssen den Ball im Slalom um die Hütchen mit dem Fuß dribbeln, bei den Reifen angekommen, wird der Ball neben den Reifen gerollt, während der Spieler parallel durch diese springt.

Material: Bälle, Hütchen, Reifen

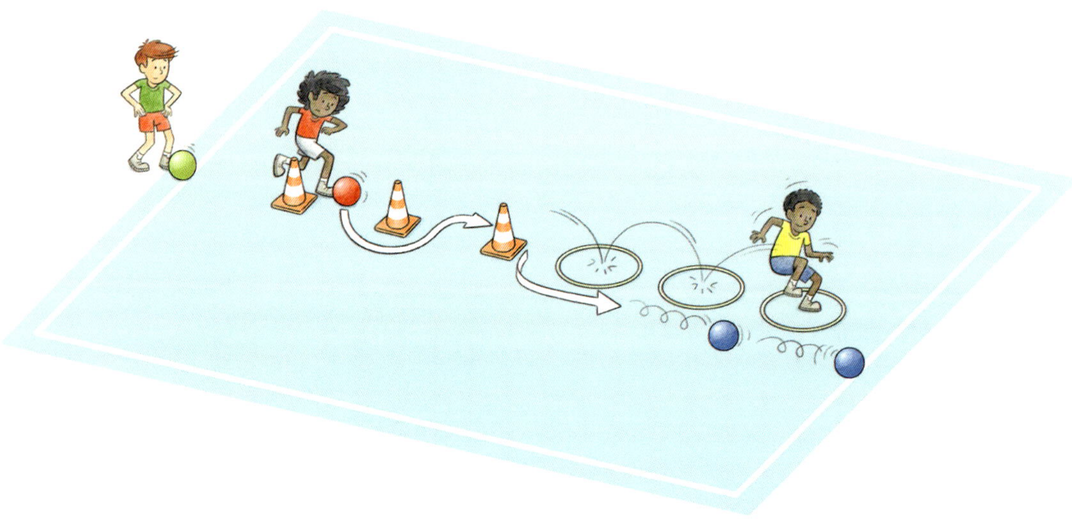

Variation

- Das Spiel kann auch prellend mit der Hand (springender Ball) ausgeführt, werden.
- Es können zwei oder mehrere identische Parcours aufgebaut und das Spiel als Wettbewerb durchgeführt werden.

Nummernball

Rollender Ball	Prellen / Dribbeln	Komplexität I
Springender Ball	Passen / Fangen	Komplexität II
Fliegender Ball	Werfen / Schießen	Komplexität III

Die Kinder werden in Vierer-Gruppen eingeteilt und jedes Kind erhält eine Nummer von eins bis vier. Alle Kinder verteilen sich in einem abgesteckten Spielfeld und bewegen sich mit dem Ball am Fuß dribbelnd voran. Außerhalb der Felder sind Reifen verteilt. Bei Aufruf einer Nummer müssen sich die betroffenen Kinder mit ihrem Ball so schnell wie möglich in einem der außenliegenden Reifen hinsetzen.

Material: Bälle, Hütchen, Reifen

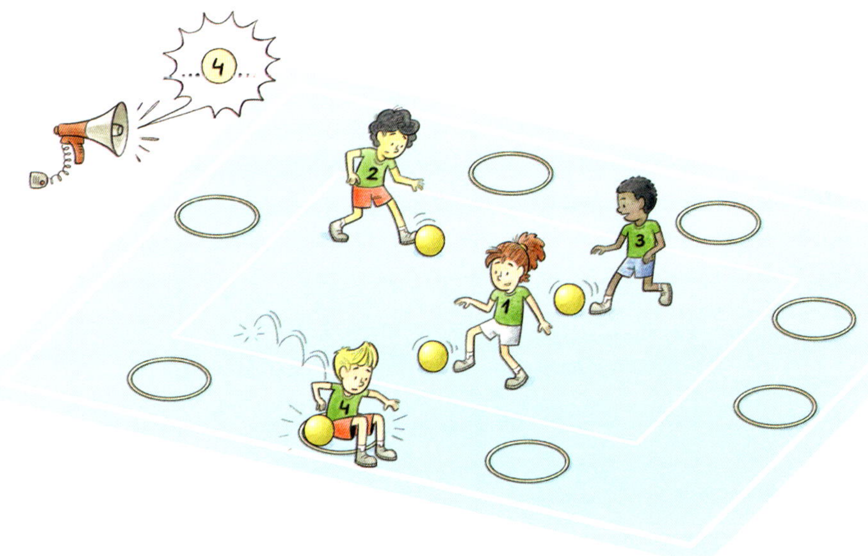

Variation

- Als Variante kann der Ball auch mit der Hand geprellt werden.
- Das Spiel kann auch als Wettspiel ausgetragen werden (wer / welche Mannschaft erreicht als erster einen Reifen?) oder mit einer reduzierten Anzahl an Reifen (wer / welche Mannschaft erreicht keinen Reifen?).

Ball sichern

Rollender Ball	Prellen / Dribbeln	Komplexität I
Springender Ball	Passen / Fangen	Komplexität II
Fliegender Ball	Werfen / Schießen	Komplexität III

Es werden vier Mannschaften gebildet, wobei sich jede Mannschaft in einer Ecke eines quadratischen Spielfeldes positioniert. In der Mitte des Feldes liegen beispielsweise 24 Bälle, jeweils sechs Bälle mit gleichem Aussehen bzw. gleicher Farbe und gehören zu einer Mannschaft. Auf ein Startsignal, läuft das erste Kind jeder Mannschaft los und holt einen seinem Team zugeordneten Ball und dribbelt ihn mit dem Fuß zur Mannschaftsecke zurück. Danach ist das zweite Kind an der Reihe. Die Mannschaft, die zuerst alle ihre Bälle in die Ecke transportiert hat, gewinnt.

Material: Bälle

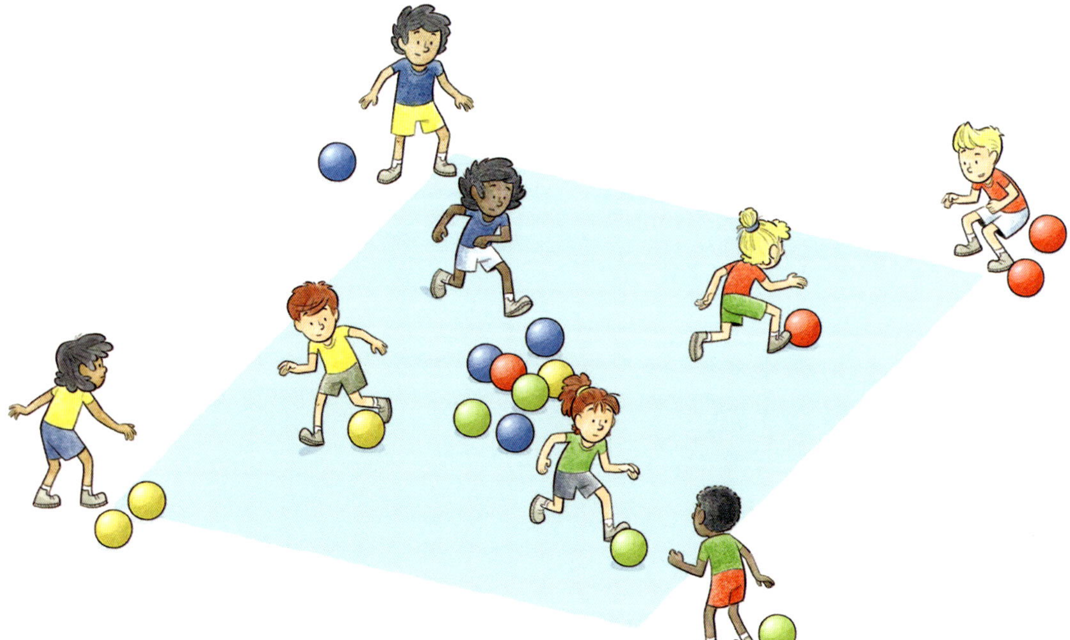

Variation

- Der Ball kann auch geprellt werden (springender Ball).
- Für jeden Mitspieler wird eine besondere Form der Ballführung vorgesehen.
- Vereinfachend kann zunächst auch nur mit zwei Mannschaften in gegenüberliegenden Ecken gespielt werden.

Glücksball

Rollender Ball	Prellen / Dribbeln	Komplexität I
Springender Ball	Passen / Fangen	Komplexität II
Fliegender Ball	Werfen / Schießen	Komplexität III

In jeder Ecke des markierten Spielfeldes liegt eine Matte. Auf dieser befindet sich jeweils ein Spieler mit Ball. Vor Spielbeginn werden zwei Fänger (Leibchen) ausgewählt. Diese versuchen im weiteren Verlauf die anderen Spieler zu fangen. Die Gejagten können sich vor den Fängern retten, indem sie einen Ball von den Matten mit der Hand zugerollt bekommen. Ein Spieler in Ballbesitz darf nicht gefangen werden. Nach einem erfolgreichen Pass tauschen die beiden Schüler ihre Position und damit ihre Aufgabe.

Material: Bälle, Hütchen, Leibchen, Matten

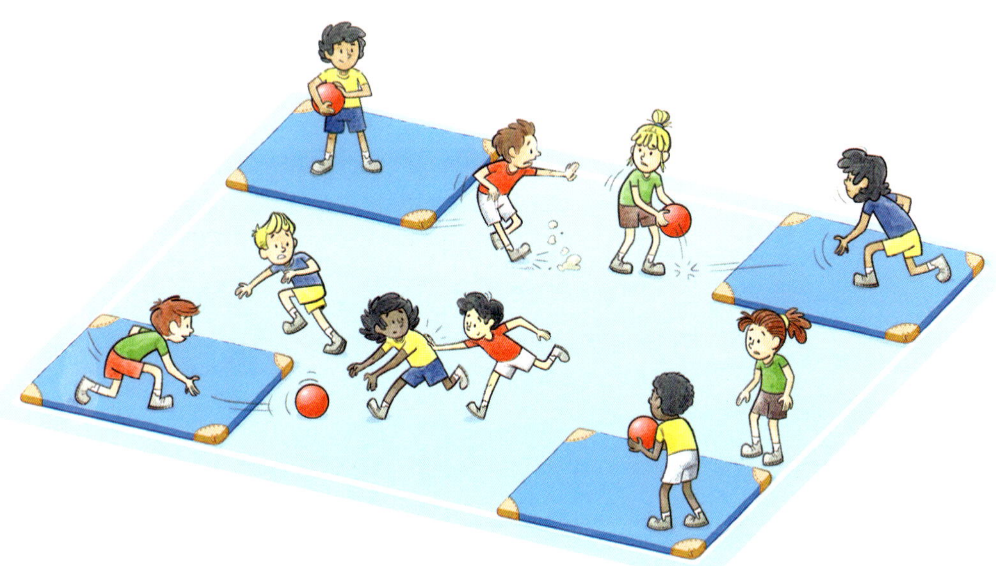

Variation

- Das Spiel kann auch mit der Hand (springender Ball) oder mit dem Fuß ausgeführt werden.
- Durch eine Veränderung der Spielfeldgröße sowie der Anzahl der Fänger im Feld und Zuspieler auf den Matten kann das Spiel nach Bedarf variiert werden.

Schwänzchen fangen

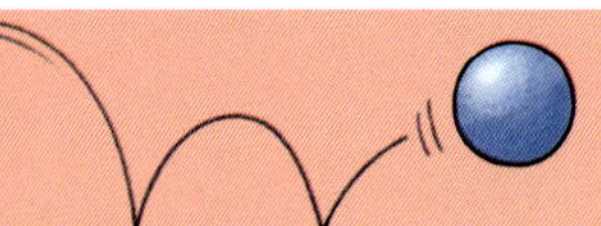

Rollender Ball	Prellen / Dribbeln	Komplexität I
Springender Ball	Passen / Fangen	Komplexität II
Fliegender Ball	Werfen / Schießen	Komplexität III

Jeder Spieler ist in Besitz eines Balles und eines Leibchens oder Bändchens, welches hinten als „Schwänzchen“ in den Hosenbund gesteckt wird. Die Kinder prellen den Ball mit der Hand und bewegen sich innerhalb des markierten Feldes fort. Ziel ist es, Mitspielern die „Schwänzchen“ zu klauen und dabei die Kontrolle über den Ball nicht zu verlieren. Die geklauten „Schwänzchen“ stecken sich die Kinder zusätzlich hinten in den Hosenbund.

Material: Bälle, Hütchen, Leibchen / Bänder

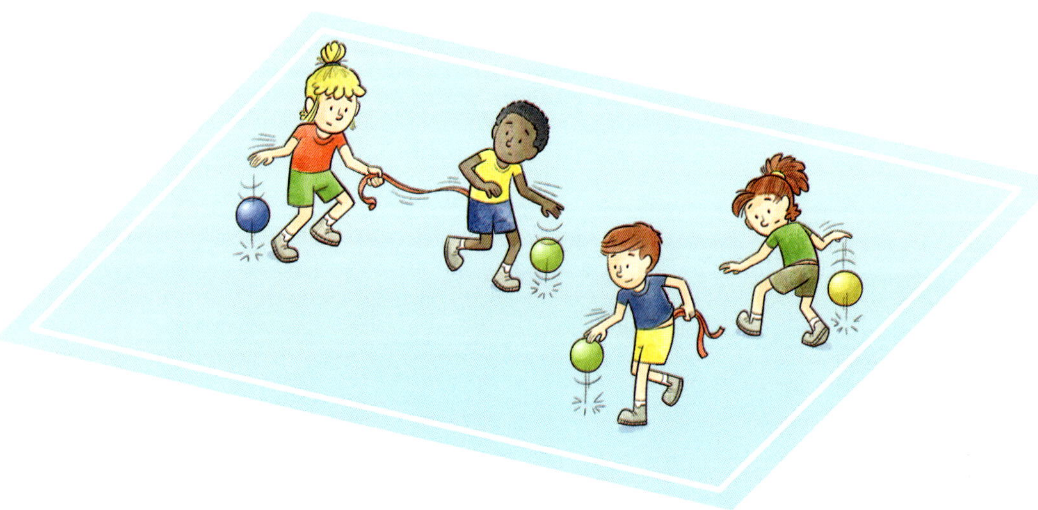

Variation

- Das Spiel kann auch dribbelnd mit dem Fuß oder rollend mit der Hand (rollender Ball) ausgeführt werden.
- Es können auch Teams gebildet werden, die gemeinsam „Schwänzchen“ fangen, für die am Ende Punkte vergeben werden.

Schattenlaufen

Rollender Ball	Prellen / Dribbeln	Komplexität I
Springender Ball	Passen / Fangen	Komplexität II
Fliegender Ball	Werfen / Schießen	Komplexität III

Es werden Zweier-Pärchen gebildet, die sich hintereinander aufstellen. Jedes Kind ist in Besitz eines Balles. Das vordere Kind läuft prellend mit dem Ball vorweg und gibt unterschiedliche Übungen vor. Der Ball darf nur mit der Hand geprellt werden. Das hintere Kind versucht, als sein „Schatten" zu fungieren und die gezeigten Aufgaben nachzumachen. Die Rollen werden im Verlauf des Spiels getauscht.

Material: Bälle

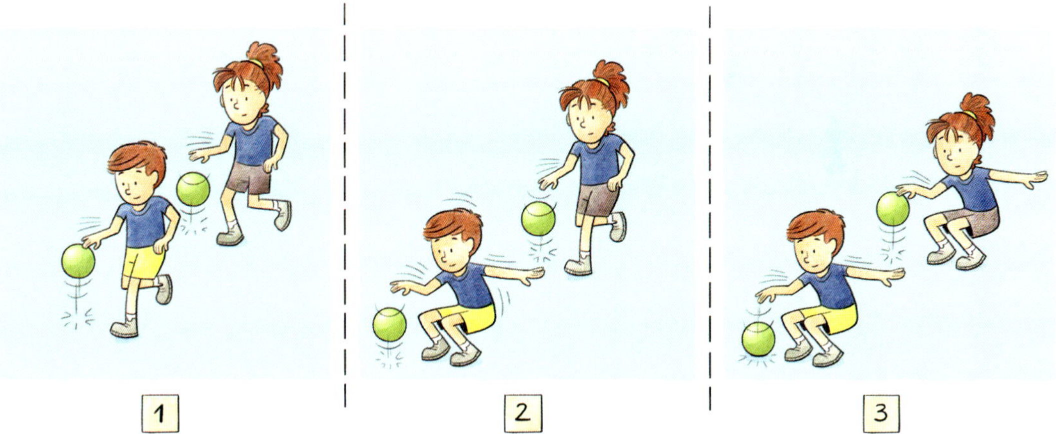

Variation

- Das Spiel kann auch dribbelnd mit dem Fuß oder rollend mit der Hand (rollender Ball) ausgeführt werden.
- Mit Hütchen und weiteren Geräten (z.B. Bänke, Kästen) könnten zusätzlich verschiedene Stationen gestaltet werden.

Elsterball

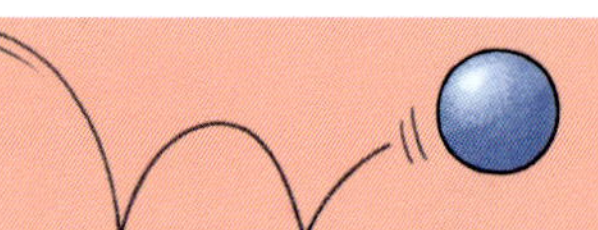

Rollender Ball	Prellen / Dribbeln	Komplexität I
Springender Ball	Passen / Fangen	Komplexität II
Fliegender Ball	Werfen / Schießen	Komplexität III

Alle Kinder prellen mit einem eigenen Ball in einem abgesteckten Spielfeld. Sie versuchen, ihren Gegenspielern den Ball zu klauen und in der Folge mit zwei Bällen weiter zu prellen. Die Kinder, die ihren Ball an ein anderes Kind verloren haben, werden zu Fängern und versuchen, einen Ball zurückzuerobern.

Material: Bälle, Hütchen

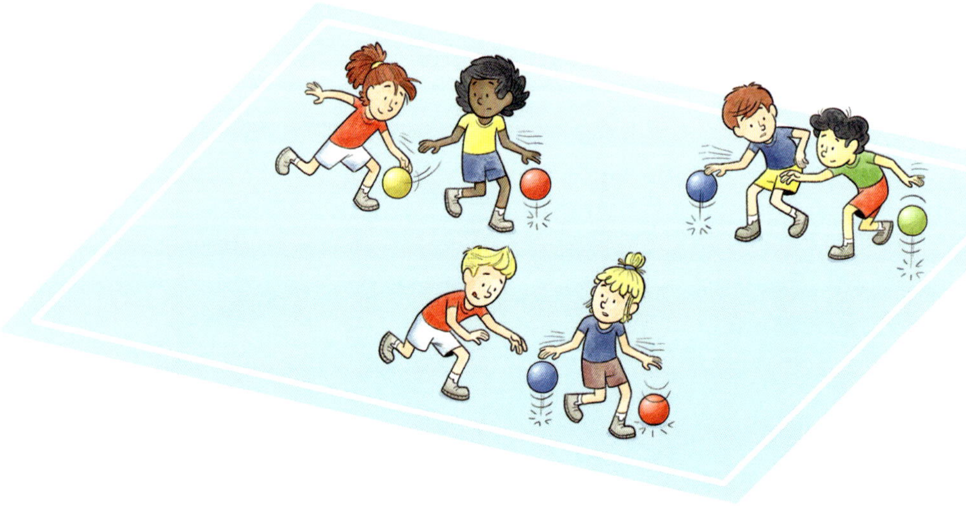

Variation

- Das Spiel kann auch dribbelnd mit dem Fuß gespielt werden (rollender Ball).
- Nicht jeder Spieler hat einen Ball, die Anzahl der Fänger wird erhöht.

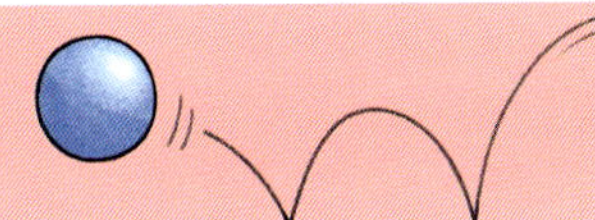

Hallo-Spiel

Rollender Ball	Prellen / Dribbeln	Komplexität I
Springender Ball	Passen / Fangen	Komplexität II
Fliegender Ball	Werfen / Schießen	Komplexität III

Die Kinder prellen ihren eigenen Ball, laufen durch den Raum und begrüßen sich gegenseitig mit Handschlag. Während des Händeschüttelns darf der Ball nicht aufgenommen werden, sondern es soll weiter geprellt werden.

Material: Bälle

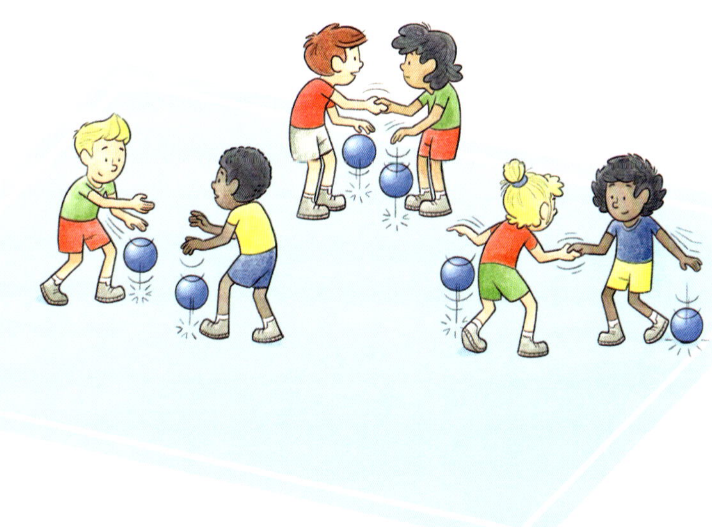

Variation

- Das „Hallo-Spiel“ kann auch mit rollendem Ball (Hand oder Fuß) durchgeführt werden.
- Es kommen unterschiedliche Bälle zum Einsatz, die bei der Begrüßung jeweils übergeben werden.
- Es können zusätzliche Hindernisse aufgebaut (z.B. Hütchen) und unterschiedliche Begrüßungsrituale (u.a. Abklatschen) vereinbart werden.
- Begegnen sich zwei Spieler, nennen sie ihren Namen und tauschen die Bälle aus.
- Es werden unterschiedliche Laufformen vorgegeben (z.B. rückwärts laufen, Hopserlauf).

Reifen prellen

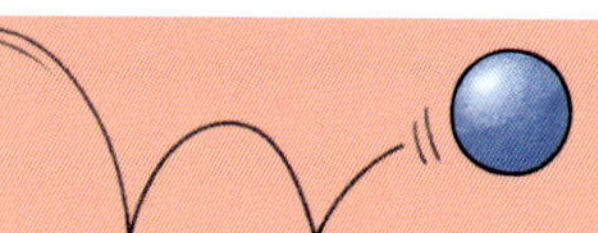

Rollender Ball	Prellen / Dribbeln	Komplexität I
Springender Ball	Passen / Fangen	Komplexität II
Fliegender Ball	Werfen / Schießen	Komplexität III

Ein Spielfeld wird abgesteckt und darin Reifen verteilt. Die Anzahl der Reifen ist abhängig von der Größe der Gruppe. Es werden nur so viele Reifen verteilt, dass ein Kind keinen Reifen bekommt. Die Kinder prellen mit Basketbällen durch das Feld. Nach einem akustischen Signal (Pfiff) müssen die Kinder schnell einen Reifen erreichen und dort abstoppen. Das Kind, welches keinen freien Reifen findet, setzt eine Runde aus und übernimmt in der nächsten Runde die Aktion des Signals.

Material: Bälle, Reifen, Hütchen

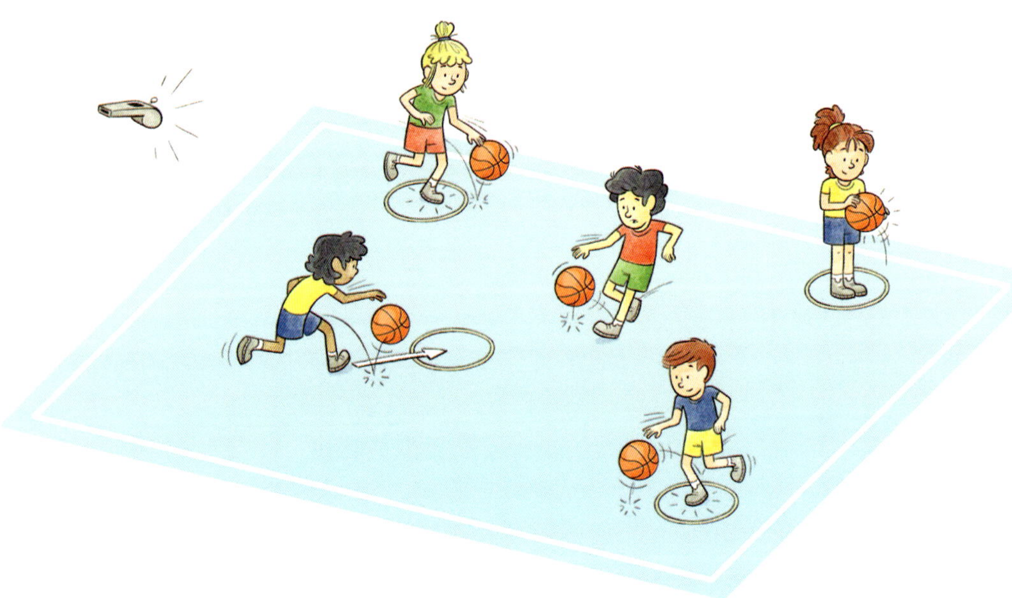

Variation

- Das Spiel kann auch mit rollendem Ball (Hand oder Fuß) durchgeführt werden.
- Es können optische Signale gegeben werden, sodass der Blick vom Ball gelöst werden muss.
- Die Anzahl der verfügbaren Reifen kann weiter reduziert werden.

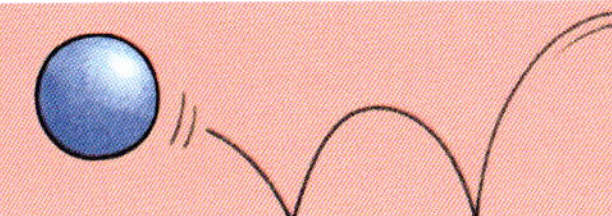

Bälle sammeln

Rollender Ball	Prellen / Dribbeln	Komplexität I
Springender Ball	Passen / Fangen	Komplexität II
Fliegender Ball	Werfen / Schießen	Komplexität III

Vier Mannschaften spielen in einem Spielfeld mit vielen verschiedenen Bällen gegeneinander. In diesem Spielfeld besitzt jedes Team ein kleines abgestecktes Feld, jeweils in den Spielfeldecken. Ziel ist es, möglichst viele Bälle in dem eigenen Feld abzulegen. Die Bälle müssen zum eigenen Feld geprellt werden.

Material: verschiedene Bälle, Hütchen

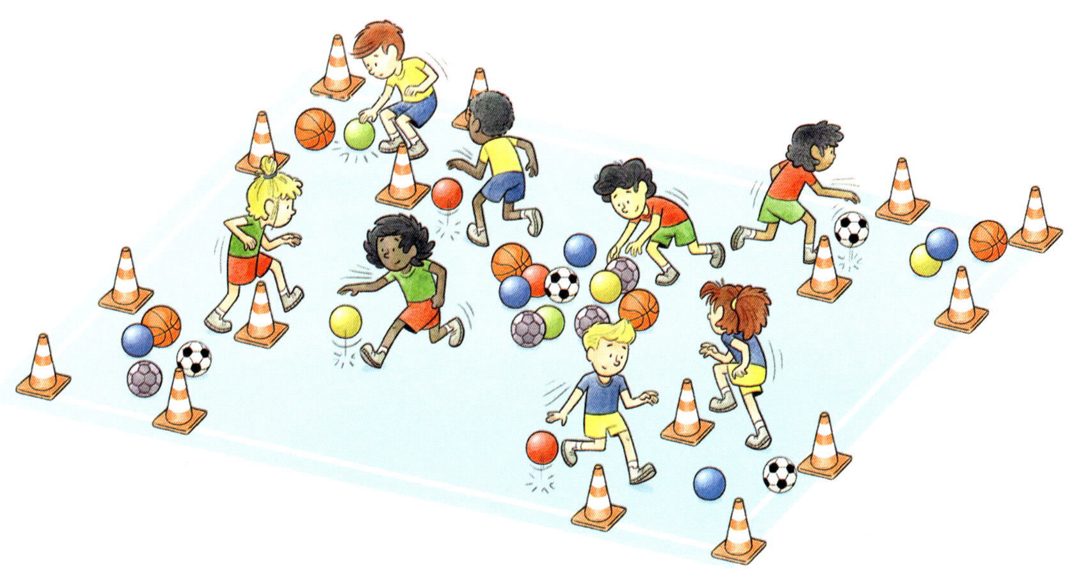

Variation

- Das Spiel kann auch mit dem Fuß gespielt werden (rollender Ball).
- Vereinfachend kann zunächst auch nur mit zwei Mannschaften gespielt werden.
- Als Variation des Spiels können die Bälle auch von den gegnerischen Mannschaften abgenommen oder auch bereits im Feld abgelegte Bälle „geklaut" werden.

Mannschaftsfangen

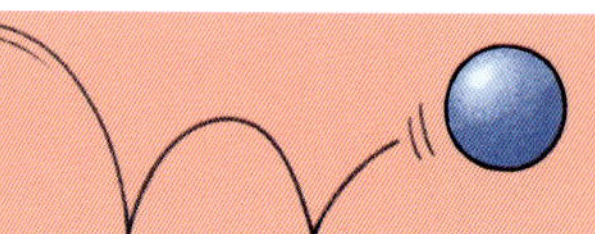

Rollender Ball	Prellen / Dribbeln	Komplexität I
Springender Ball	Passen / Fangen	Komplexität II
Fliegender Ball	Werfen / Schießen	Komplexität III

Die Spieler werden in vier Teams aufgeteilt. Dabei besitzt jedes Kind einen Ball und alle prellen durch die Halle. Der Spielleiter gibt ein Signal (z.B. vereinbarte Zahlen, Farben oder Mannschaftsnamen), welche der vier Mannschaften in der Folge als Fänger agiert. Den Fängern steht eine im Vorfeld bestimmte Zeit zur Verfügung, um so viele Gegenspieler wie möglich zu abzuschlagen (die gefangenen Kinder bleiben auf der Stelle stehen und prellen ihren Ball weiter). Während des Fangens muss der Ball von allen Spielern geprellt werden. Nachdem alle Mannschaften einmal als Fänger an der Reihe waren, gewinnt die Mannschaft, welche die meisten Kinder gefangen hat.

Material: Bälle, Leibchen

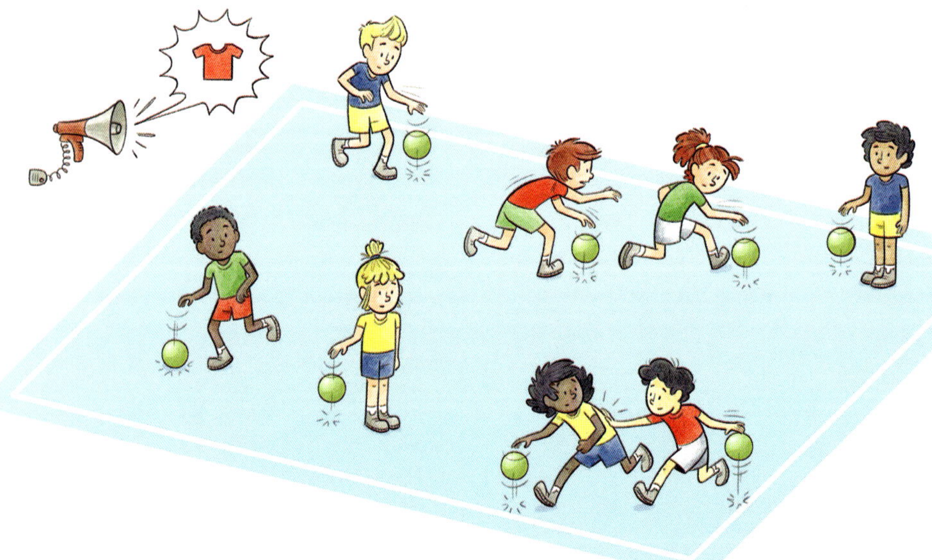

Variation

- Vereinfachend kann das Spiel zunächst auch nur mit zwei Mannschaften gespielt werden.
- Die Gegenspieler dürfen mit den Bällen abgeworfen werden (fliegender Ball).
- Die gefangenen Spieler müssen Zusatzaufgaben (z.B. Koordinationsübungen siehe S. 41-43) erfüllen.

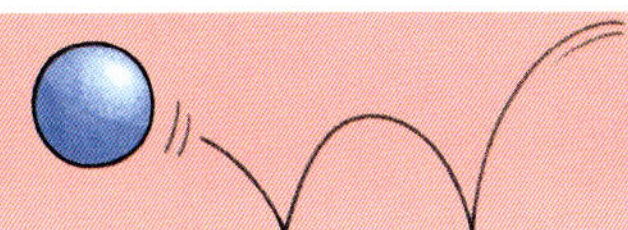

Fische fangen

Rollender Ball	Prellen / Dribbeln	Komplexität I
Springender Ball	Passen / Fangen	Komplexität II
Fliegender Ball	Werfen / Schießen	Komplexität III

Es werden zwei Mannschaften gebildet und jede Mannschaft besitzt ein „Fischerboot“ in Form eines auf Rollbrettern gelagerten Kastenoberteils (als bewegliches Ziel). Auf dem markierten Spielfeld sind viele Bälle verteilt und das Ziel der Mannschaften ist es, so viele Bälle wie möglich in ihrem Fischerboot zu sammeln. Jedes Kind darf immer nur einen Ball in das Fischerboot legen und es darf sich nur prellend fortbewegen. Die Mannschaft, die am Ende die meisten Bälle im Kasten eingesammelt, also die meisten Fische gefangen hat, gewinnt.

Material: Bälle, Hütchen, große Kastenoberteile, Rollbretter

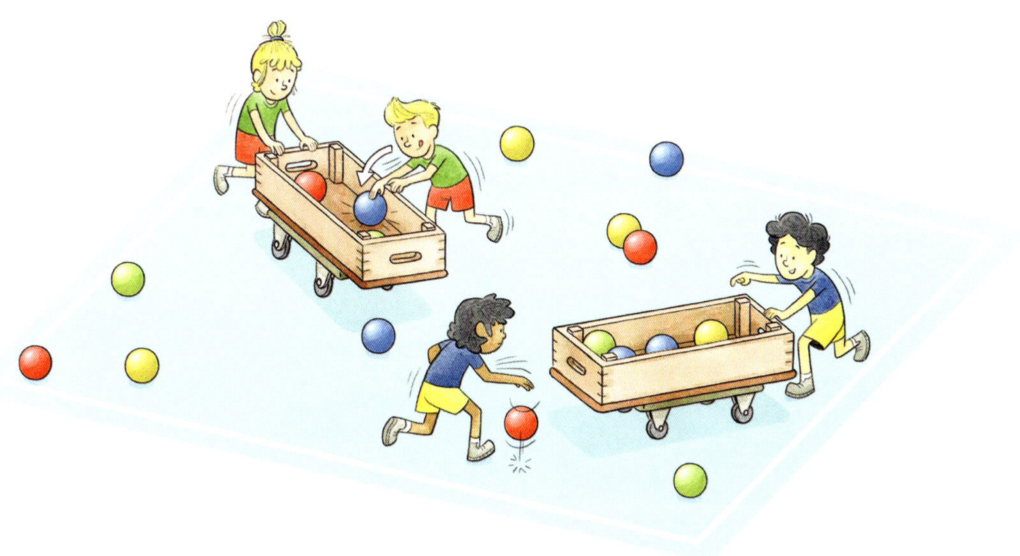

Variation

- Die Bälle dürfen nur am Fuß geführt werden (rollender Ball).
- Als Variation des Spiels können die gegnerischen Spieler beim Transport der Bälle auch gestört werden.

Laufpyramide

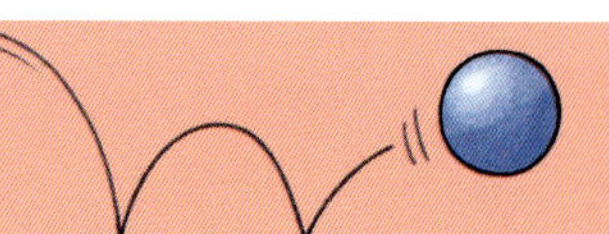

Rollender Ball	Prellen / Dribbeln	Komplexität I
Springender Ball	Passen / Fangen	Komplexität II
Fliegender Ball	Werfen / Schießen	Komplexität III

Zwei Teams sitzen jeweils auf einer Langbank, eine Laufstrecke (Runde) ist mit Hütchen markiert. Vor jeder Bank liegt ein Blatt mit Zahlen von eins bis sechs, die in Form einer Pyramide aufgezeichnet sind. Das erste Kind würfelt und läuft anschließend die entsprechende Anzahl an Runden. Bei einer geraden Zahl, muss das Kind die Runden mit einem Ball prellend absolvieren. Ist die gewürfelte Zahl ungerade, darf derjenige die Runden ohne Ball laufen. Nach dem absolvierten Lauf streicht die Mannschaft die gelaufene Zahl auf der Pyramide durch. Als Sieger geht das Team hervor, deren Pyramide am schnellsten durchgestrichen ist.

Material: Bälle, Langbänke, Hütchen, Würfel, Stifte, Blätter mit Zahlenpyramide

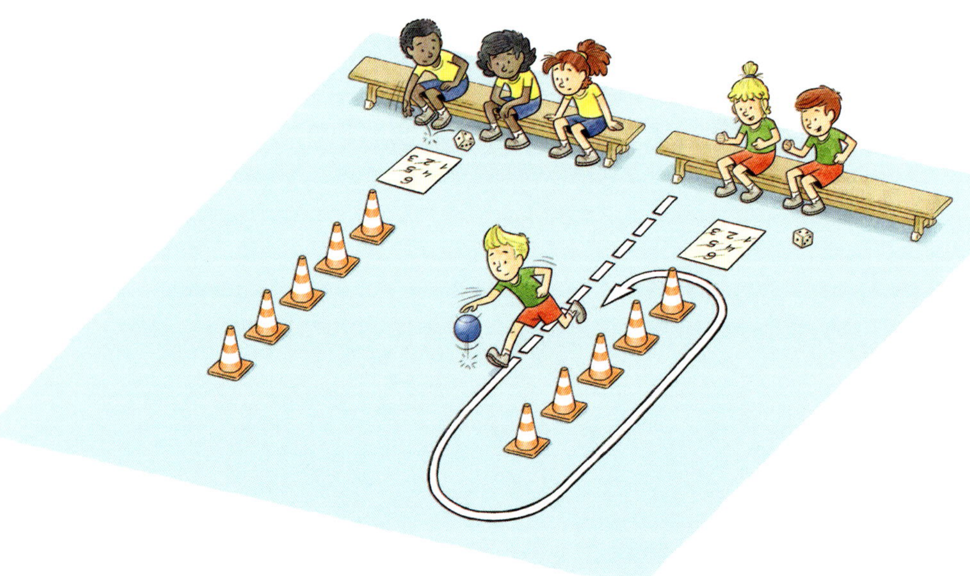

Variation

- Die Aufgaben der Ballführung können für die einzelnen Zahlen variiert werden (Hand / Fuß, springender / rollender Ball, vorwärts / rückwärts laufend).

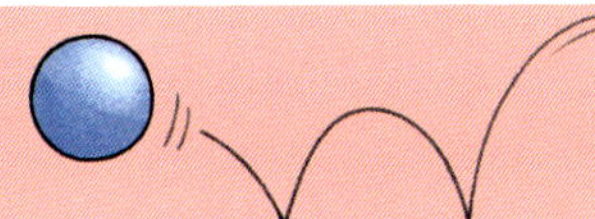

Wildwechsel

Rollender Ball	Prellen / Dribbeln	Komplexität I
Springender Ball	Passen / Fangen	Komplexität II
Fliegender Ball	Werfen / Schießen	Komplexität III

Alle Kinder haben jeweils einen Ball und verfolgen die Aufgabe, ihren Ball mit der Hand durch die Halle zu prellen. Der Spielleiter ruft verschiedene Tiere auf, wobei jedes Tier für ein unterschiedliches Lauftempo steht. Bei der Schnecke laufen die Kinder sehr langsam, beim Igel sollen sie ihr Tempo erhöhen und beim Hasen am schnellsten laufen.

Material: Bälle

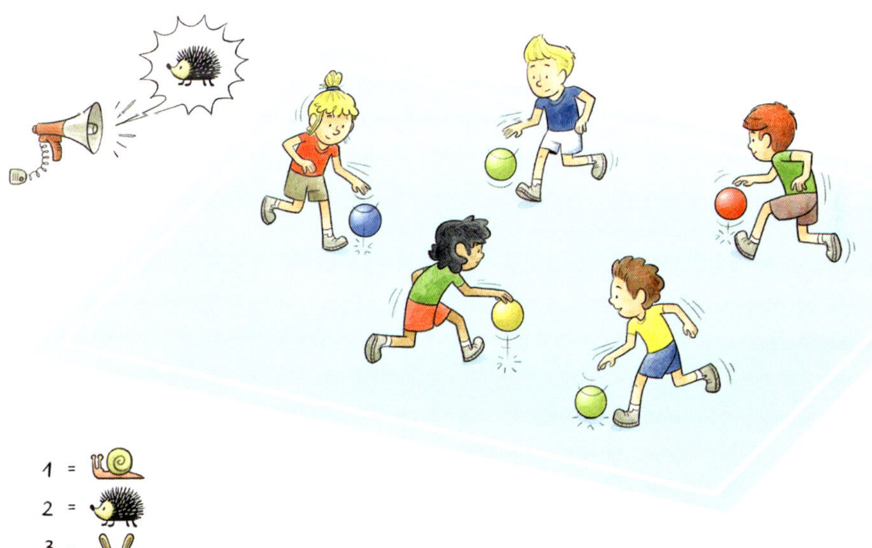

Variation

- Das Wildwechsel-Spiel kann auch mit und rollendem Ball (Fuß und Hand) ausgeführt werden.
- Der Spielleiter zeigt Bilder der unterschiedlichen Tiere. Die Kinder müssen dadurch den Blick vom Ball lösen.
- Die Kinder müssen bestimmte Wege einhalten (z.B. auf den Linien laufen, einen Hütchen-Parcours durchlaufen).

Erste Hilfe

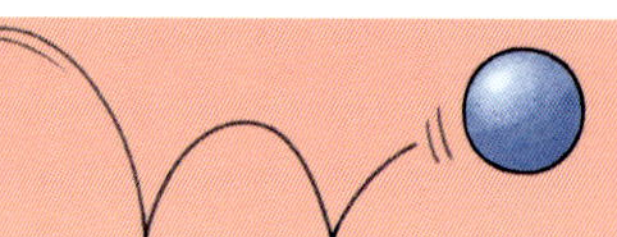

Rollender Ball	Prellen / Dribbeln	Komplexität I
Springender Ball	Passen / Fangen	Komplexität II
Fliegender Ball	Werfen / Schießen	Komplexität III

Zwei ausgewählte Fänger versuchen, ihre Gegenspieler in einem markierten Spielfeld mit Bodenpässen abzuwerfen. Ist ein Spieler getroffen, legt sich dieser auf den Boden und muss von zwei Mitspielern (Sanitätern) abtransportiert werden. Der getroffene Spieler wird auf einer Matte ins „Krankenhaus" (markierte Zone im Spielfeld) getragen und muss dort laut bis fünf zählen. Danach darf er wieder mitspielen. Die Sanitäter dürfen während der Rettungsaktion nicht abgeworfen werden.

Material: Bälle, Leibchen, Matten, Hütchen

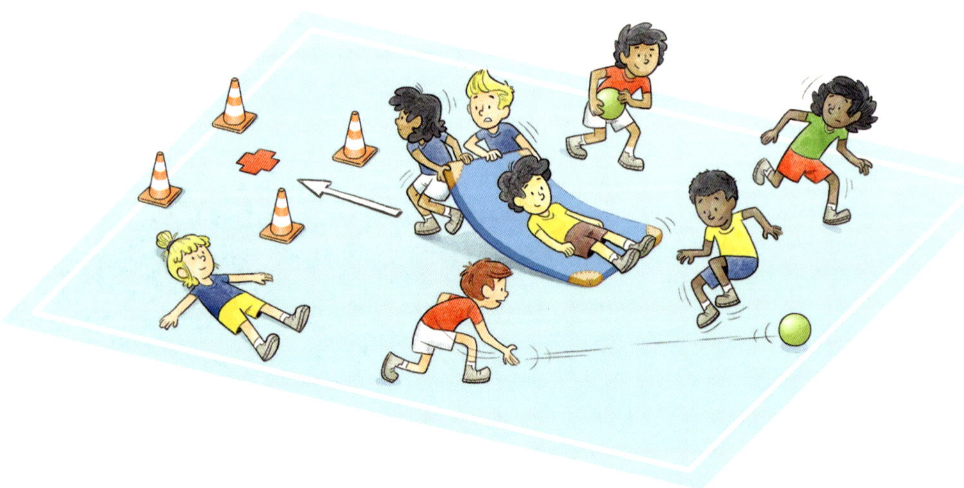

Variation

- Alle Spieler erhalten Bälle, die sie prellen oder rollen müssen.
- Die getroffenen Spieler müssen andere Aufgaben erfüllen (Bewegungsaufgaben wie Vorwärtsrollen, kleinere Rätsel, o. Ä.).

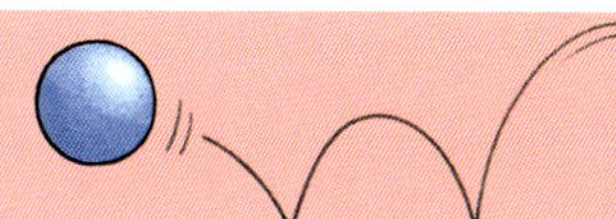

Eisbär und Sonne

Rollender Ball	Prellen / Dribbeln	Komplexität I
Springender Ball	Passen / Fangen	Komplexität II
Fliegender Ball	Werfen / Schießen	Komplexität III

Zwei Fänger (Eisbären) haben in einem markierten Spielfeld das Ziel, die Gegenspieler mit einem Ball abzuwerfen. Wird ein Gegenspieler getroffen, erstarrt dieser zu Eis und darf nicht mehr weiterlaufen. Die Fänger dürfen sich nur fortbewegen, indem sie sich einen Ball als Bodenpass zuspielen, laufen mit Ball ist verboten. Ein Kind ist die „Sonne" und kann mit einem Reifen die zu Eis erstarrten Kinder auftauen. Der Reifen muss dazu einmal von Kopf bis Fuß über das Kind geführt werden, daraufhin ist das Kind aufgetaut und darf wieder mitspielen.

Material: Bälle, Hütchen, Reifen, Leibchen

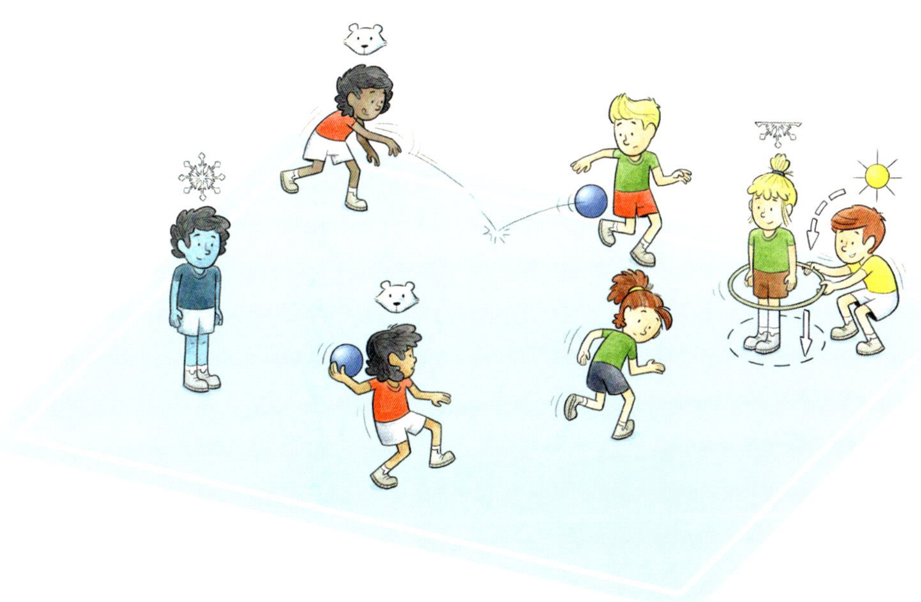

Variation

- Die Gegenspieler erhalten auch Bälle, die sie prellen oder rollen müssen.
- Abhängig von der Gruppengröße und der Intensität des Spiels können auch mehr Fänger und Kinder mit Reifen eingesetzt werden.

Tigerball

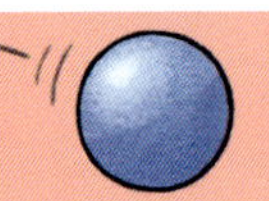

Rollender Ball	Prellen / Dribbeln	Komplexität I
Springender Ball	Passen / Fangen	Komplexität II
Fliegender Ball	Werfen / Schießen	Komplexität III

Die Kinder bilden Gruppen mit jeweils fünf Spielern. Vier der Kinder stellen sich in etwa kreisförmig angeordnet auf. Das fünfte Kind, der Tiger, steht in der Mitte des Kreises. Die Vier spielen sich den Ball mit der Hand direkt zu, ohne dass es dem Tiger gelingt, den Ball zu berühren. Geschieht dies doch, wechselt das Kind, das den letzten Pass gespielt hat mit dem Tiger die Position. Der Ball darf nicht über Kopfhöhe gespielt werden.

Material: Ball

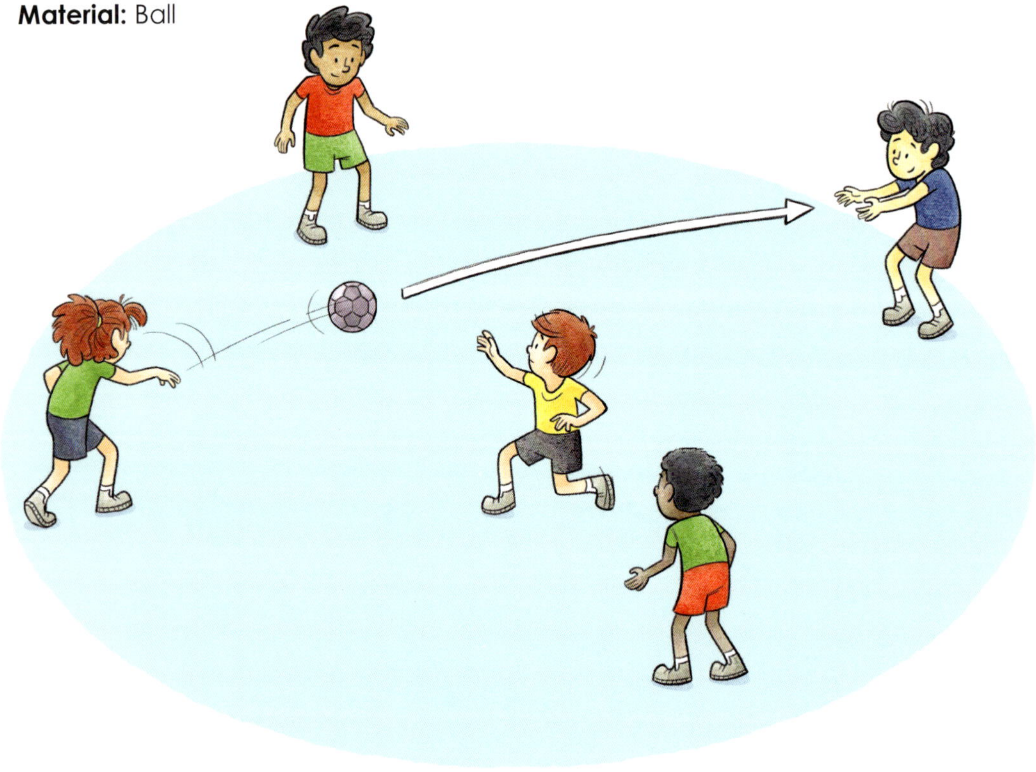

Variation

- Es werden nur Bodenpässe gespielt (springender Ball).
- Der Ball wird mit dem Fuß gepasst (rollender Ball).
- Die Pässe dürfen immer nur zur Nebenperson (nach links, nach rechts) gespielt werden.

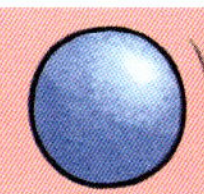

Kopfballjagd

Rollender Ball	Prellen / Dribbeln	Komplexität I
Springender Ball	Passen / Fangen	Komplexität II
Fliegender Ball	Werfen / Schießen	Komplexität III

Es werden zwei gleichgroße Teams gebildet, die gegeneinander spielen. Ein Spielfeld wird markiert. Eine Mannschaft erhält einen Punkt, wenn es ein Kind schafft, einem anderen Kind aus der eigenen Mannschaft den Ball zuzupassen und dieses Kind wiederum mit dem Kopf den Ball zurückspielt. Körperkontakt ist nicht erlaubt.

Material: Softball, Hütchen, Leibchen

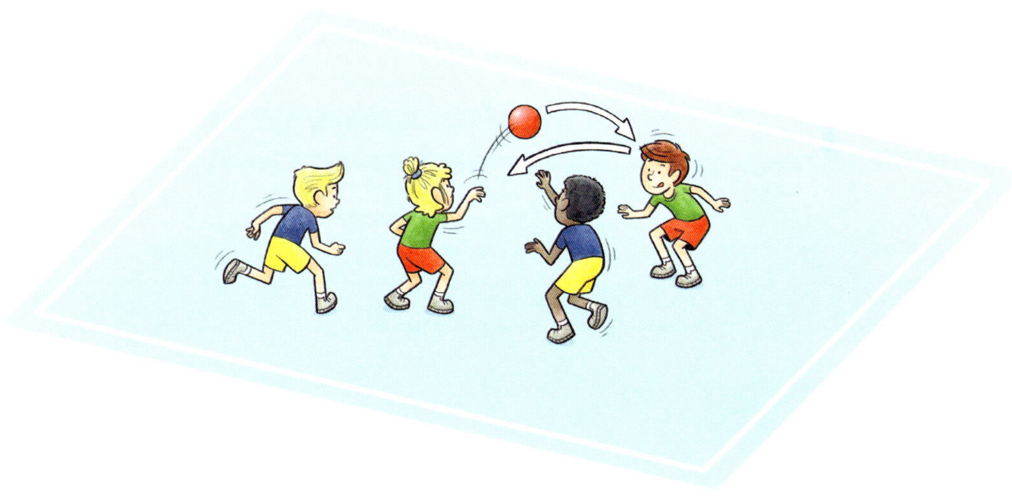

Variation

- Den zurückgespielten Ball muss ein drittes Kind aus der Mannschaft fangen.
- Das köpfende Kind muss bei Ballberührung auf dem Boden sitzen.
- Der Ball wird mit dem Fuß gepasst (rollender Ball).

Jokerball

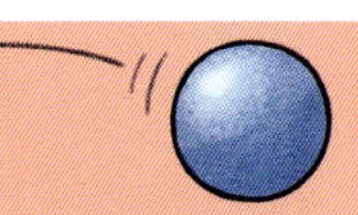

Rollender Ball	Prellen / Dribbeln	Komplexität I
Springender Ball	Passen / Fangen	Komplexität II
Fliegender Ball	Werfen / Schießen	Komplexität III

Die Kinder verteilen sich auf dem Spielfeld. Es gibt einen Fänger, der versucht, die Kinder abzuschlagen. War er dabei erfolgreich, wird die abgeschlagene Person zum Fänger. Nicht abgeschlagen werden darf, wer durch einen direkten Pass (Hand) in Ballbesitz gekommen ist. Die Kinder müssen so versuchen, sich durch geschicktes Zupassen vor dem Fänger zu retten.

Material: Ball

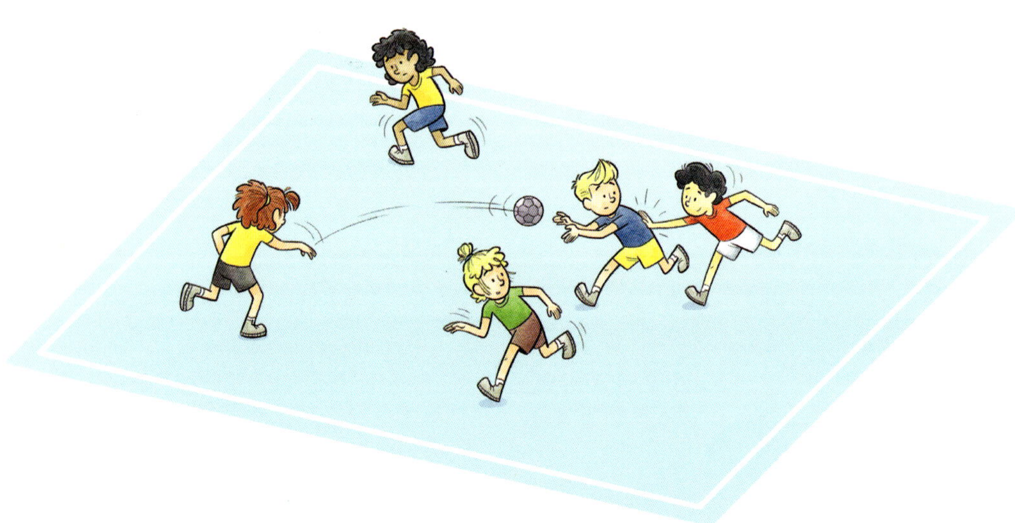

Variation

- Es werden nur Bodenpässe gespielt (springender Ball).
- Der Ball wird mit dem Fuß gepasst (rollender Ball).
- Das Spiel kann auch durch die Anzahl der Fänger und der verfügbaren Bälle variiert werden.

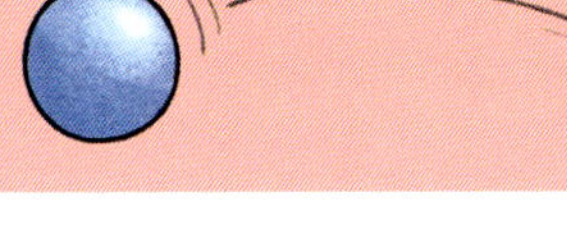

Ballkiste

Rollender Ball	Prellen / Dribbeln	Komplexität I
Springender Ball	Passen / Fangen	Komplexität II
Fliegender Ball	Werfen / Schießen	Komplexität III

Das Spielfeld wird in der Mitte geteilt, in jeder Hälfte befindet sich eine Mannschaft und die gleiche Anzahl von Bällen. Jeweils in der Mitte der Spielhälfte wird ein Kastenoberteil mit einem Spieler postiert. Ziel des Spiels ist es, alle Bälle aus der eigenen Hälfte so schnell wie möglich in den eigenen Kasten zu befördern (direkte Pässe mit der Hand). Dabei darf mit dem Ball nicht gelaufen werden. Bei größeren Distanzen, müssen vielleicht auch mehrere Pässe gespielt werden, bis der Ball beim Wächter angelangt und in den Kasten gelegt werden kann.

Material: Bälle, zwei Kastenoberteile

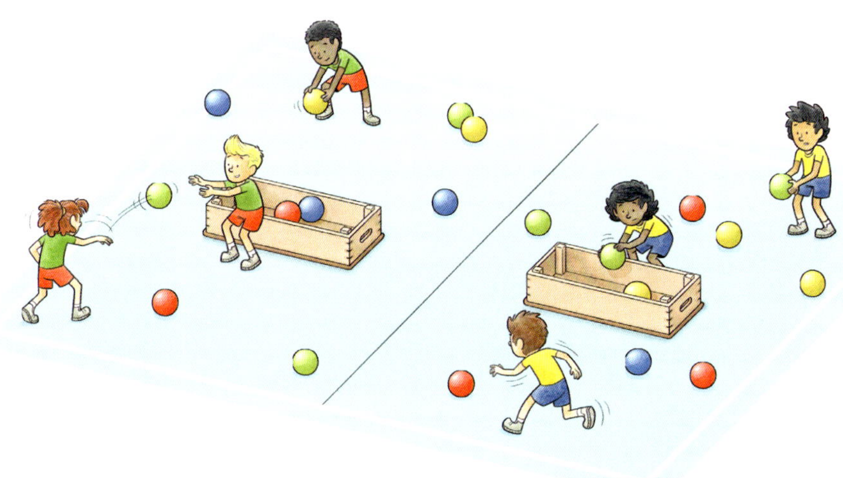

Variation

- Es werden nur Bodenpässe gespielt (springender Ball).
- Der Ball wird mit dem Fuß gepasst (rollender Ball).
- Das Spiel kann auch als Kombination mit Hand und Fuß gespielt werden.

Inselball

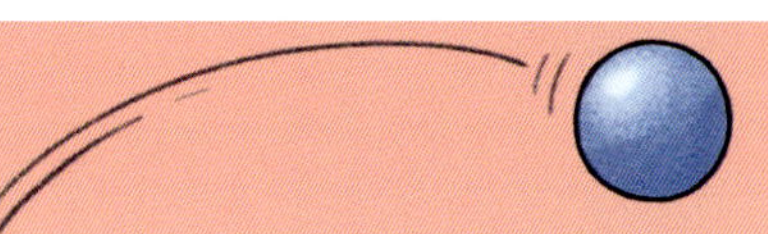

Rollender Ball	Prellen / Dribbeln	Komplexität I
Springender Ball	Passen / Fangen	Komplexität II
Fliegender Ball	Werfen / Schießen	Komplexität III

An der Stirnseite der Sporthalle werden mehrere blaue Turnmatten (Anzahl ist abhängig von der Anzahl der gebildeten Gruppen) nebeneinander mit einem seitlichen Abstand von ca. 2 bis 3 Metern ausgelegt. Vor jeder Matte werden insgesamt 4 Hütchen aufgestellt. Die ersten Hütchen im Abstand von 5 bis 8 Metern in Reihe, die weiteren jeweils im Abstand von 2 bis 3 Metern. Einer der Spieler stellt sich als Fänger auf die Turnmatte, der Rest der Gruppe (max. 4 Spieler) hinter das letzte am weitesten von der Matte entfernte Hütchen. Das Ziel des Spiels besteht darin, durch einen genauen Pass den Mitspieler auf der eigenen Matte anzuspielen, so dass dieser den Ball fangen kann, ohne dass dieser vorher auf den Boden fällt. Kann der Ball nicht gefangen werden, so muss der Spieler, der den Ball geworfen hat, diesen schnell holen und zum nächsten Spieler in der Reihe rollen. In der nächsten Runde darf dieser Spieler dann von der nächsten näher gelegenen Pylone werfen (kürzere Distanz). Hat er den Spieler auf der Matte direkt anspielen können, so stellt er sich mit auf die Matte. Die Mannschaft, die es als erstes schafft, mit allen Spielern auf die Matte zu gelangen, gewinnt das Spiel.

Material: (Hand-)Bälle, blaue Turnmatten, Hütchen

Variation

- Die Spieler dürfen frei entscheiden, von welchem Hütchen aus geworfen wird. Alle Werfer bleiben hierbei über die Spieldauer (vorgegebene Zeit) in der Funktion der Werfer. Je nach Hütchen gibt es eine unterschiedliche Punktzahl. Nach Ablauf der Spielzeit gewinnt das Team mit den meisten Punkten.

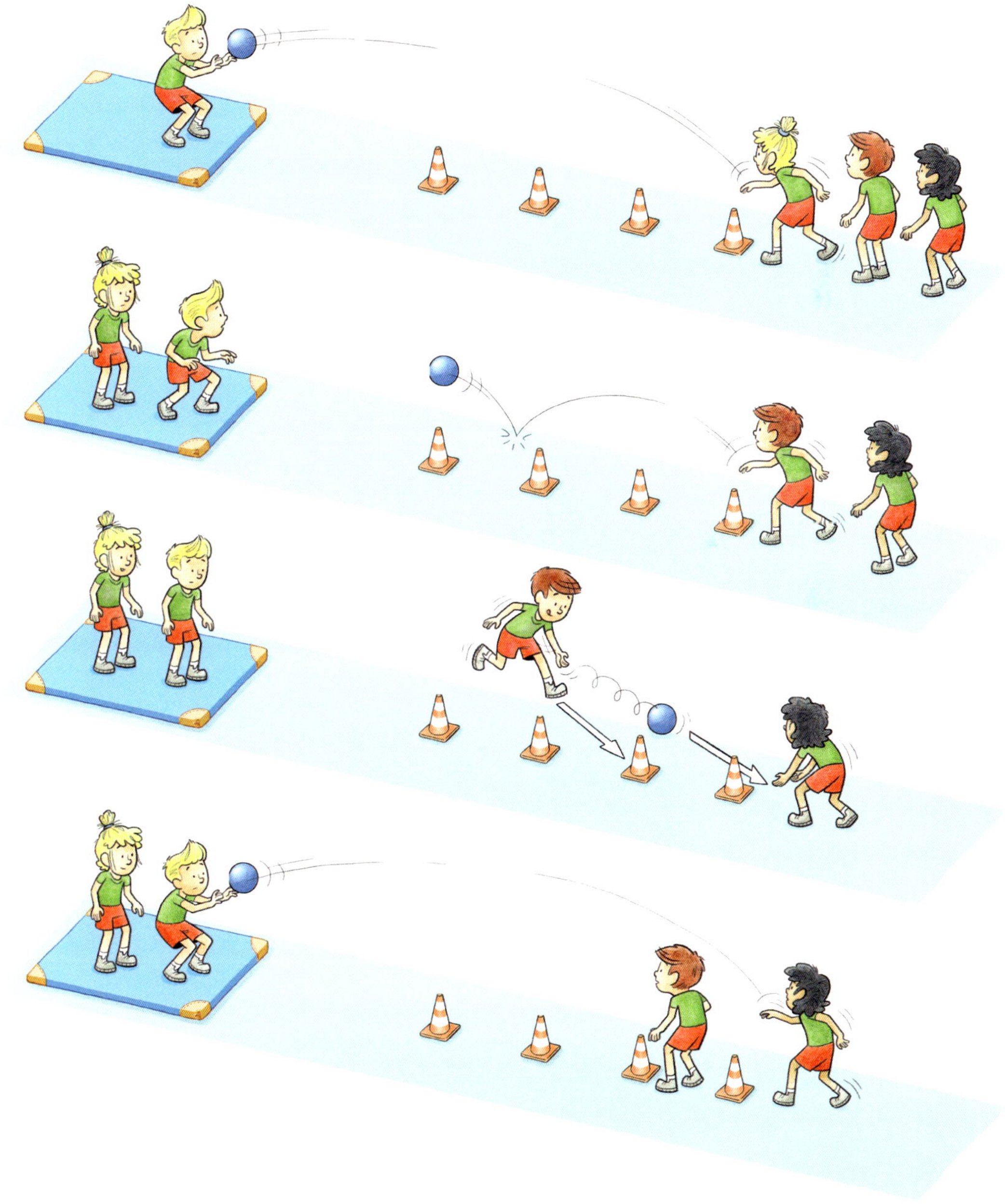

Zielwurf

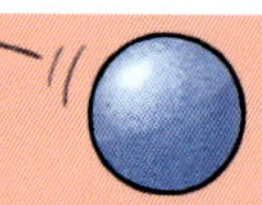

Rollender Ball	Prellen / Dribbeln	Komplexität I
Springender Ball	Passen / Fangen	Komplexität II
Fliegender Ball	Werfen / Schießen	Komplexität III

Die Kinder gehen paarweise zusammen. Jedes Paar hat einen Ball und einen Reifen. Ein Partner stellt sich vor die Hallenwand und hält einen Reifen in vorgegebener Position. Der Spielpartner versucht, aus einer bestimmten Entfernung einen Ball durch den Reifen zu werfen.

Material: Bälle, Reifen

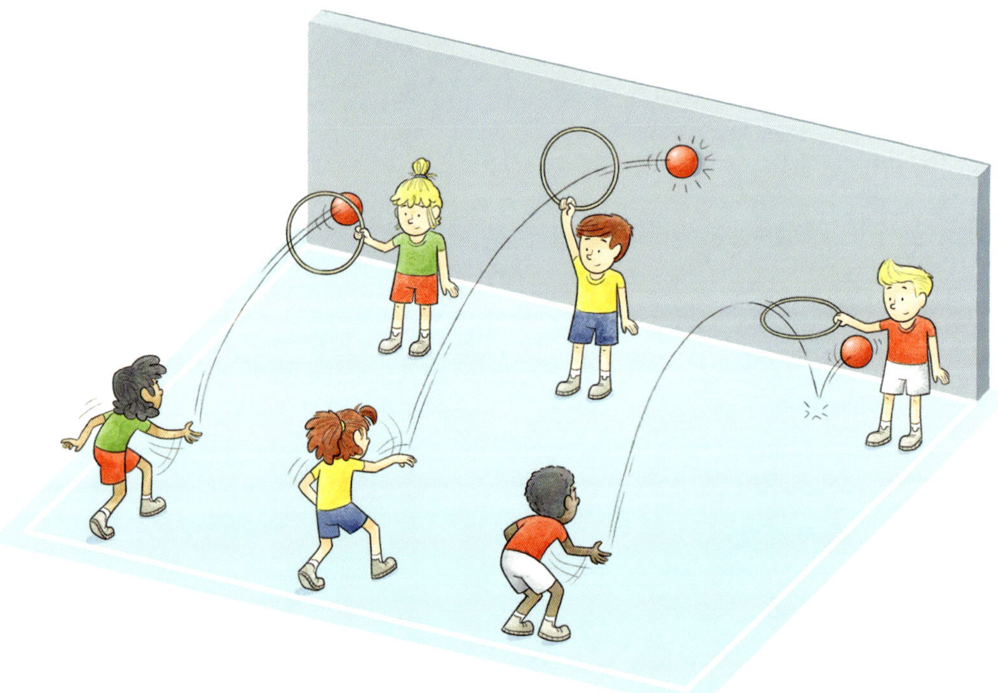

Variation

- Die Position des Reifens und die Entfernung zur Wand können variiert werden.
- Das Spiel kann auch als Wettbewerb gestaltet werden, indem die erfolgreichen Würfe gezählt werden.
- Die Bälle können auch mit dem Fuß geschossen werden (rollender, fliegender Ball).
- Ein Kind rollt den Reifen und das andere versucht, den Ball hindurch zu werfen.

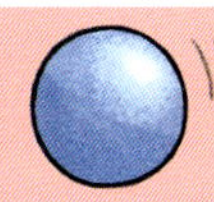

Zombieball

Rollender Ball	Prellen / Dribbeln	Komplexität I
Springender Ball	Passen / Fangen	Komplexität II
Fliegender Ball	Werfen / Schießen	Komplexität III

Ein Spielfeld wird abgesteckt. Mit einem Softball versucht das Kind, welches in Ballbesitz ist, seine Mitspieler abzuwerfen. Dabei gibt es keine festen Fänger, sondern wenn der Ball frei ist, darf sich jedes Kind den Ball nehmen und zum Fänger werden. Wer abgeworfen wurde, muss sich an dieser Stelle hinsetzen und darauf warten, dass jenes Kind abgeworfen wird, was einen selbst getroffen hat. Geschieht dies, darf das Kind wieder am Spielgeschehen teilnehmen. Das Kommando „Zombieball" des Spielleiters sorgt dafür, dass alle getroffenen Kinder aufstehen dürfen und das Spiel von vorne beginnt.

Material: Softball, Hütchen

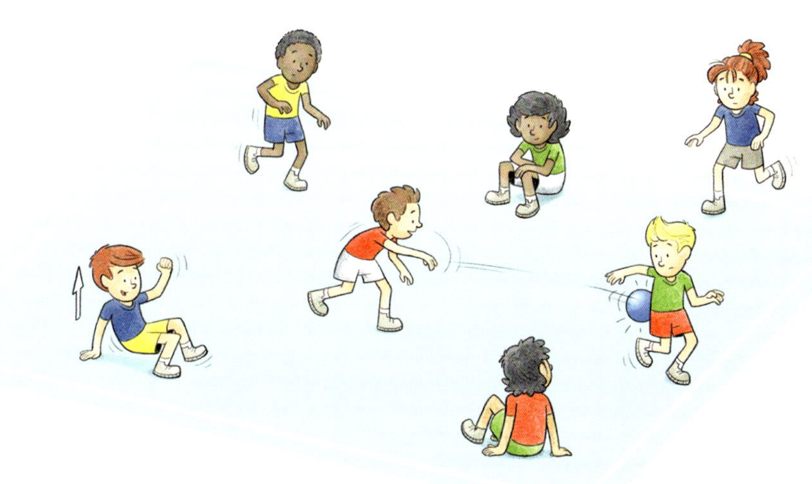

Variation

- Das Spiel kann mit mehreren Bällen ausgeführt werden.
- Die Anzahl der erlaubten Schritte kann begrenzt werden.
- Der Softball muss geprellt werden (springender Ball).

Biathlon

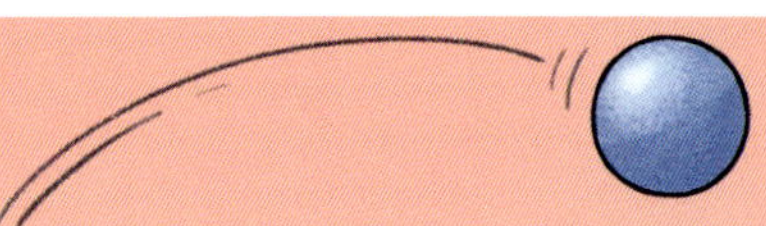

Rollender Ball	Prellen / Dribbeln	Komplexität I
Springender Ball	Passen / Fangen	Komplexität II
Fliegender Ball	Werfen / Schießen	Komplexität III

Es werden Mannschaften mit jeweils vier Personen gebildet und mit Leibchen gekennzeichnet. Das Biathlonfeld wird mit Hütchen markiert und teilt sich in vier Bereiche auf:

- einen äußeren Bereich des Spielfeldes, welcher die Laufstrecke kennzeichnet
- ein inneres Feld, in dem sich die Strafrunde befindet
- eine Wurfstation
- eine Schießstation

Mit Spielbeginn läuft das erste Kind jedes Teams eine Runde um das äußere Feld. Anschließend geht es an die Wurfstation. Dort müssen die Kinder einen Ball, welcher auf einem Hütchen liegt, aus einer bestimmten Entfernung herunterwerfen (3 Versuche). Treffen sie nicht, müssen sie eine Strafrunde laufen. Dann geht es an die Schießstation. Hier sollen die Kinder einen Fußball in ein Tor schießen (3 Schussversuche). Sollten sie nicht erfolgreich sein, laufen sie wieder eine Strafrunde. Im Anschluss ist das nächste Mitglied der Mannschaft an der Reihe. Die schnellste Staffel gewinnt den Wettkampf.

Material: Bälle, Hütchen, Leibchen, Tor, kleiner Kasten

Variation

- Die Anzahl der Wurfversuche kann unterschiedlich sein.
- Es können jeweils drei verschiedene Ziele für die Würfe (3 Hütchen mit Ball) und Schüsse (3 verschiedene Bereiche im Tor) definiert werden. Für jedes nicht getroffene Ziel wird dann jeweils eine Strafrunde gelaufen.

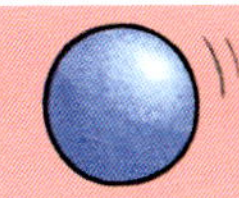

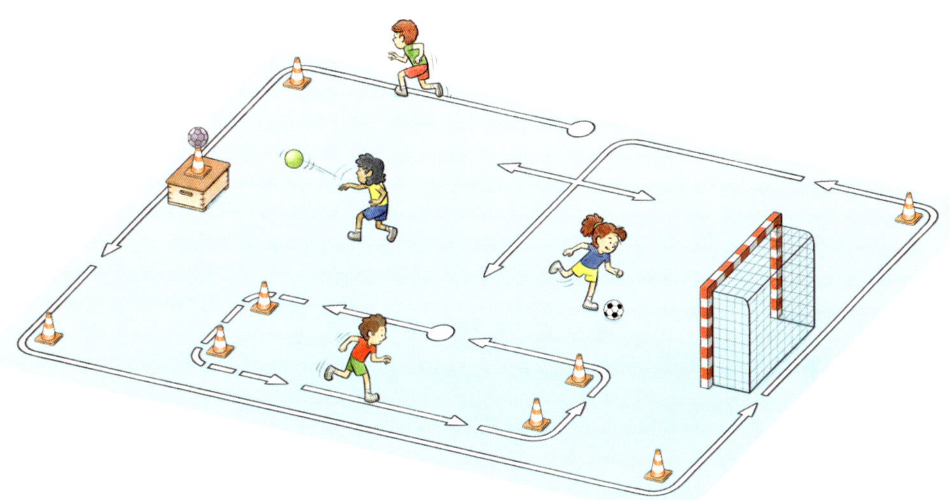

Fang den Ball

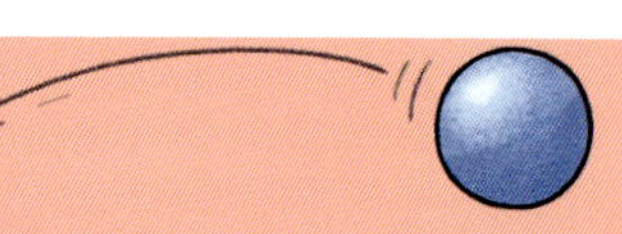

Rollender Ball	Prellen / Dribbeln	Komplexität I
Springender Ball	Passen / Fangen	Komplexität II
Fliegender Ball	Werfen / Schießen	Komplexität III

Alle Kinder haben einen eigenen Ball. Diesen werfen sie in die Luft und fangen ihn auf unterschiedliche Art und Weise wieder auf. Zum Beispiel wird der Ball mit einer oder mit zwei Händen gefangen. Gespielt wird Jeder gegen Jeden. Jedes Kind zählt die Anzahl der erfolgreichen Vesuche über die Spieldauer.

Material: Bälle

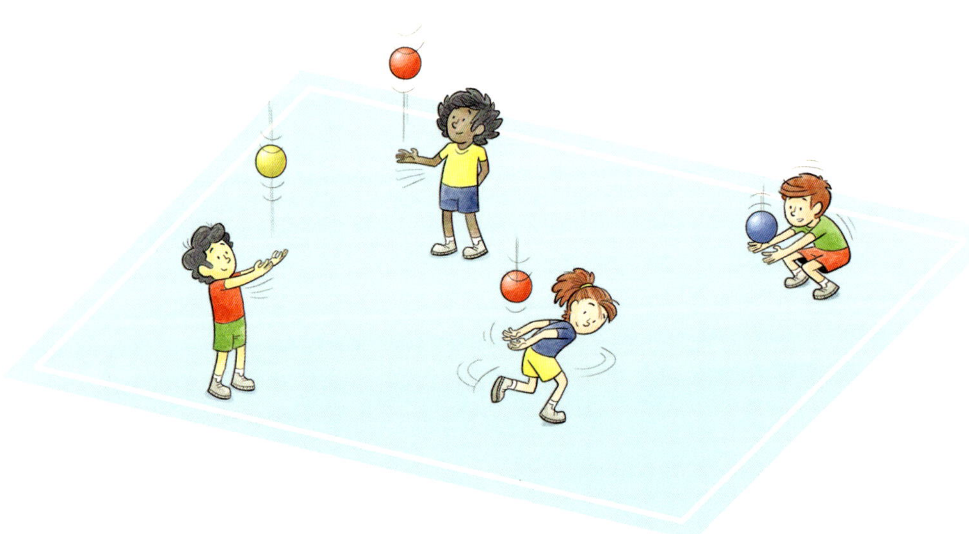

Variation

- Kurz vor dem Boden auffangen, Boden berühren (Ball und/oder Kind) und dann fangen, so oft wie möglich in die Hände klatschen vor dem Fangen, auf den Boden setzen und dann wieder Fangen.
- Das Spiel kann auch paarweise mit Zuwerfen oder Zuschießen (rollender Ball) gespielt werden.

Lernstufe 2: Sportspielübergreifende Handlungsfähigkeit

Verzeichnis der Spiel- und Übungsformen

Lernstufe 2 Name des Spiels / der Übungsform	rollend	springend	fliegend	Zusammen-spiel	Freilaufen	Heraus-spielen	Verwerfen	Komplexität	Seite
Haltet das Feld sauber	•					•		I	79
Rollball	•			•	•	•	•	II	80
Dribbelkönig	•						•	III	81
Drei-Felder-Fußball	•			•	•			II	82
Linienball	•			•	•	•		III	83
Ball unter der Schnur	•			•		•	•	I	84
Beintorball	•			•	•	•	•	I	85
Wurmspiel	•			•				I	86
Mehrtorball	•			•	•			III	87
Stoppball	•			•				I	88
Viereck-Parteiball		•		•				III	89
Hindernis-Brennball		•					•	II	90
Wechselspiel			•	•	•			II	91
Freilaufspiel			•	•	•			II	92
Neckball			•	•				II	93
Start und Ziel			•				•	III	94
Läufer gegen Werfer			•				•	II	95
Parteiball			•	•	•			III	96
Abwurfspiel			•	•			•	III	97
Escapeball		•	•	•				II	98
Helferball		•	•	•	•			II	99
Hütchenwerfen		•	•				•	II	100
Basketball-Biathlon		•	•				•	II	101
Eierlegen		•	•	•	•			II	102
Wächterball		•	•	•	•			II	103
Nummernzuspiel		•	•	•	•			II	104

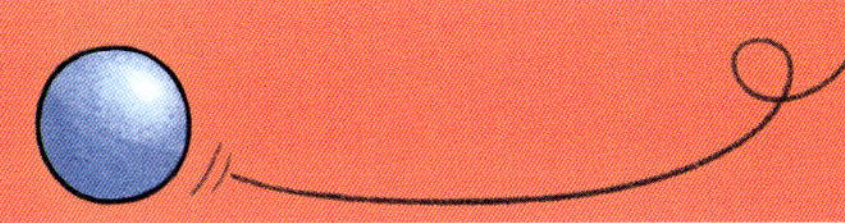

Haltet das Feld sauber

Rollender Ball	Zusammenspiel	Herausspielen von Zielschussaktionen	Komplexität I
Springender Ball			Komplexität II
Fliegender Ball	Freilaufen und Anbieten	Verwerten von Zielschussaktionen	Komplexität III

Die Halle wird in zwei Hälften geteilt. Entlang der Mittellinie stehen Langbänke als Hindernis und um die beiden Spielhälften voneinander zu trennen. In jeder Hälfte befinden sich eine Mannschaft und die gleiche Anzahl von Bällen. Es ist das Ziel, nach einer bestimmten Spielzeit so wenige Bälle wie möglich in der eigenen Hälfte zu haben. Die Bälle dürfen nur mit dem Fuß in die gegnerische Hälfte geschossen werden. Es hat die Mannschaft gewonnen, die nach der vereinbarten Spielzeit weniger Bälle in der eigenen Spielhälfte hat. Bälle, die außerhalb des Feldes liegen, zählen nicht.

Material: Bälle, Langbänke

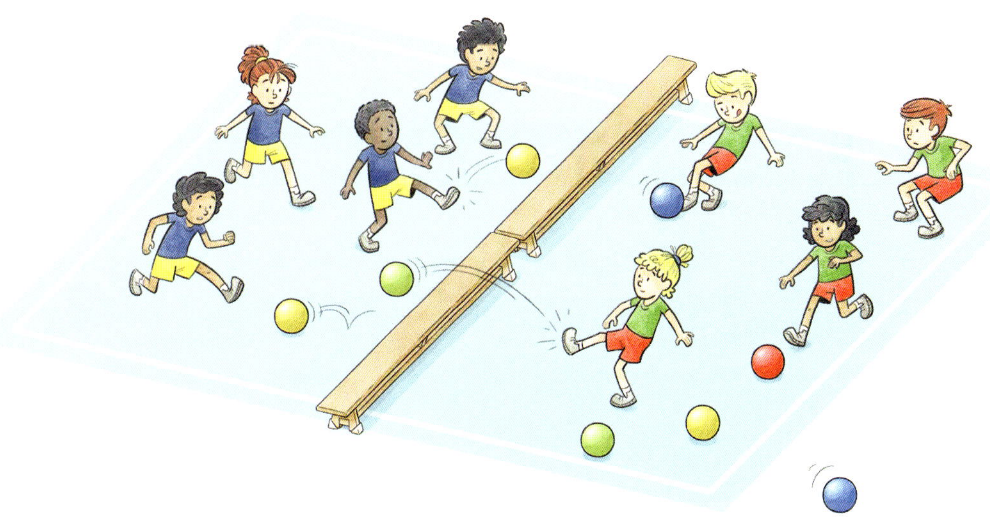

Variation

- Es wird mit unterschiedlichen Bällen gespielt.
- Das Spiel wird mit den Händen gespielt (fliegender Ball).
- Abhängig von der Hallengröße müssen die Bälle die Wand der gegnerischen Spielhälfte berühren.

Rollball

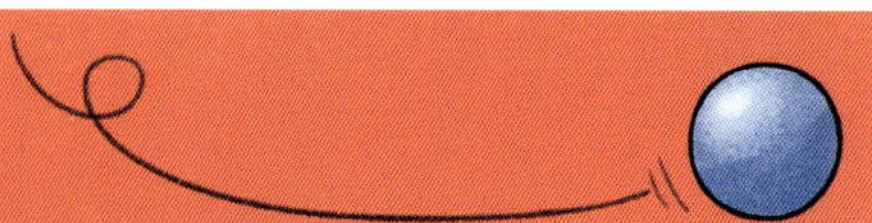

Rollender Ball	Zusammenspiel	Herausspielen von Zielschussaktionen	Komplexität I
Springender Ball			Komplexität II
Fliegender Ball	Freilaufen und Anbieten	Verwerten von Zielschussaktionen	Komplexität III

Zwei Mannschaften spielen in einem markierten Feld gegeneinander und der Ball wird mit den Händen gerollt. Ziel des Spiels ist es, den Ball gegen die gegnerische Wand / in das gegnerische Tor zu rollen und somit einen Punkt zu erzielen. Die Mannschaft, die in einer vorgegebenen Spielzeit die meisten Punkte / Tore erzielt, gewinnt.

Material: Bälle, Hütchen, Leibchen

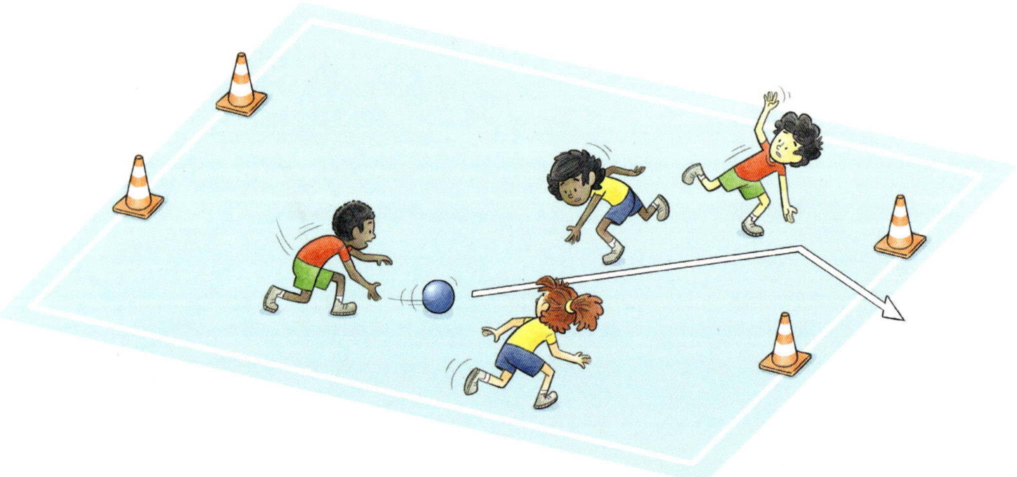

Variation

- Vor der abschließenden Aktion (Wand / Tor) muss innerhalb der Mannschaft eine bestimmte Anzahl an Pässen gespielt werden.
- In einer Spielhälfte wird der Ball mit der Hand gespielt, in der anderen Spielhälfte mit dem Fuß.
- Variante „Rückwärtsball“: Es gelten die gleichen Regeln wie bei Rollball, allerdings werden nur rückwärts durch die Beine Pässe gespielt und Punkte / Tore erzielt.

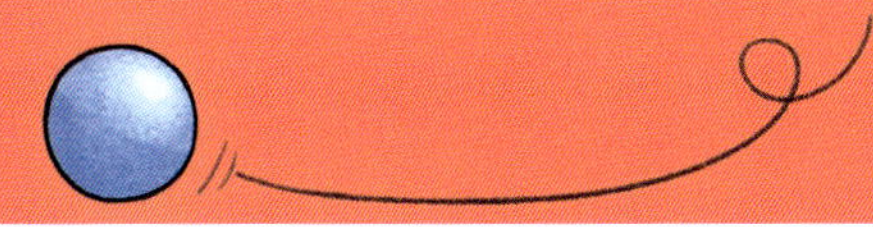

Dribbelkönig

Rollender Ball	Zusammenspiel	Herausspielen von Zielschussaktionen	Komplexität I
Springender Ball	Freilaufen und Anbieten	Verwerten von Zielschussaktionen	Komplexität II
Fliegender Ball			Komplexität III

Es werden zwei Mannschaften gebildet und jede spielt auf ein Tor. Auf dem Weg zum Tor befinden sich sechs Hütchen in einer Reihe, die durchdribbelt werden müssen. Jedes Dribbling wird mit einem Torschuss gegen einen Torhüter des gegnerischen Teams abgeschlossen. Die Mannschaft, die als erstes eine bestimmte Anzahl an Toren erzielt hat, gewinnt.

Material: Bälle, Hütchen, Tore

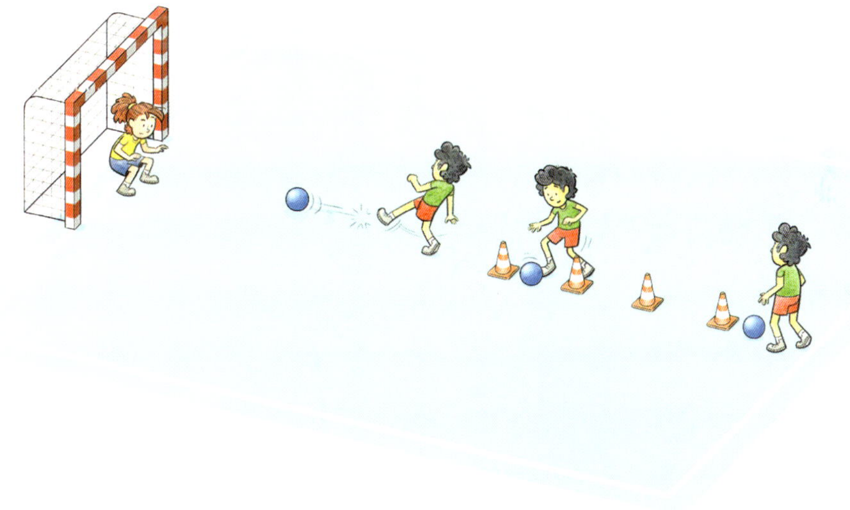

Variation

- Das Spiel ist auch auf Handball (Torwurf) und Basketball (Korbwurf) übertragbar (springender Ball, fliegender Ball).
- Die Ausführung der Dribblings kann variiert werden: Innen-/Außenseite des Fußes, Prellen mit rechter/linker Hand.
- Die Aufstellung der Hütchen und der Anlaufwinkel zum Tor kann variiert werden.

Drei-Felder-Fußball

Rollender Ball
Springender Ball
Fliegender Ball

Zusammenspiel	Herausspielen von Zielschussaktionen
Freilaufen und Anbieten	Verwerten von Zielschussaktionen

Komplexität I
Komplexität II
Komplexität III

Das Spielfeld wird in drei Zonen aufgeteilt. In jeder Zone befindet sich eine Mannschaft. Die beiden Mannschaften in den äußeren Zonen spielen miteinander gegen die Mannschaft in der mittleren Zone. Die außenstehenden Teams sollen sich den Ball mit dem Fuß zupassen, ohne dass der Pass von den Spielern in der mittleren Zone abgefangen wird (dabei dürfen keine „Bogenlampen" gespielt werden. Um sich einen Vorteil zu verschaffen, darf innerhalb des Teams in den Zonen zugepasst werden. Bei einem Fehlversuch wechselt die äußere Mannschaft, die den Fehler verursacht hat, in die mittlere Zone.

Material: Bälle, Leibchen

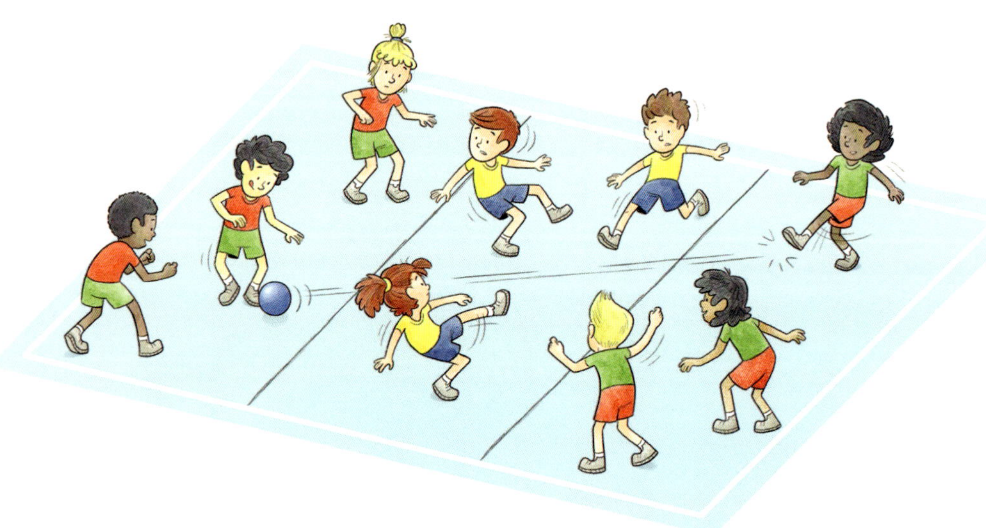

Variation

- Die Feldgrößen können variiert werden.
- Es wird mit den Händen gespielt. Ziel kann es dabei sein, nur per Bodenpass durch das mittlere Feld zum Erfolg kommen zu können (springender Ball).
- Es kann gleichzeitig mit mehreren Bällen gespielt werden.

Linienball

Rollender Ball	Zusammenspiel	Herausspielen von Zielschussaktionen	Komplexität I
Springender Ball			Komplexität II
Fliegender Ball	Freilaufen und Anbieten	Verwerten von Zielschussaktionen	Komplexität III

Die Spielfeldgröße richtet sich nach der Anzahl der Spieler. Es spielen zwei Mannschaften gegeneinander, deren Ziel es ist, den Ball hinter die Grundlinie der gegnerischen Mannschaft zu bringen. Der Ball wird mit dem Fuß gespielt. Dabei ist es entweder möglich, selbst mit dem Ball am Fuß über die Linie zu gehen oder einen Pass hinter die Linie zu spielen, der dort von einem Mitspieler angenommen wird.

Material: Ball, Leibchen

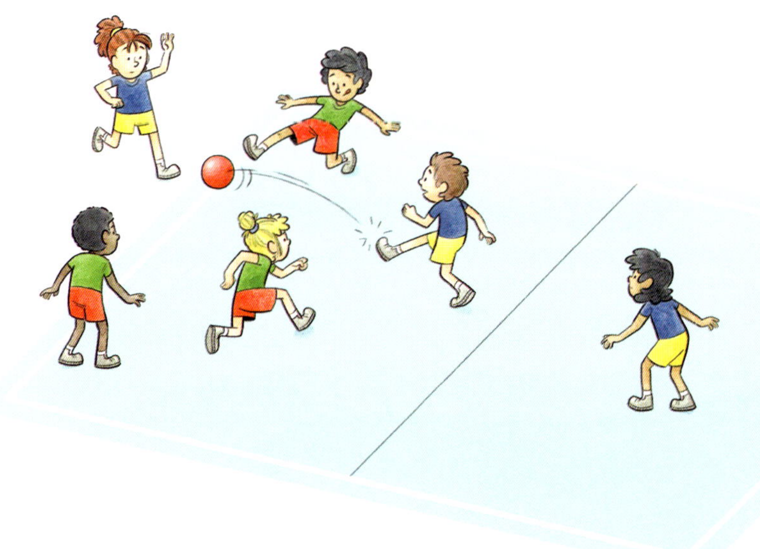

Variation

- Die Spielfeldgröße kann verändert werden.
- Es kann in Überzahl oder Unterzahl gespielt werden.
- Es kann neutrale Spieler geben, die jeweils die angreifende oder verteidigende Mannschaft unterstützen.
- Linienball kann alternativ auch mit den Händen gespielt werden (springender Ball, fliegender Ball).

Ball unter der Schnur

Rollender Ball	Zusammenspiel	Herausspielen von Zielschussaktionen	Komplexität I
Springender Ball	Freilaufen und Anbieten	Verwerten von Zielschussaktionen	Komplexität II
Fliegender Ball			Komplexität III

Die Spielfeldgröße richtet sich nach der Anzahl der Spieler. An der Mitte des Feldes steht an den beiden Auslinien jeweils ein Kasten. Die beiden Kästen sind mit einem Seil, ca. 40 bis 50 cm über dem Boden miteinander verbunden. Auf jeder durch das Seil getrennten Seite des Spielfeldes befindet sich eine Mannschaft. Die Spieler versuchen, einen Ball unter dem Seil hindurch über die Grundlinie des gegnerischen Feldes zu rollen. Um sich einen Vorteil zu verschaffen, darf innerhalb des Teams rollend zugepasst werden. Für jedes Passieren der gegnerischen Grundlinie gibt es einen Punkt.

Material: Ball, Seil, zwei Kästen

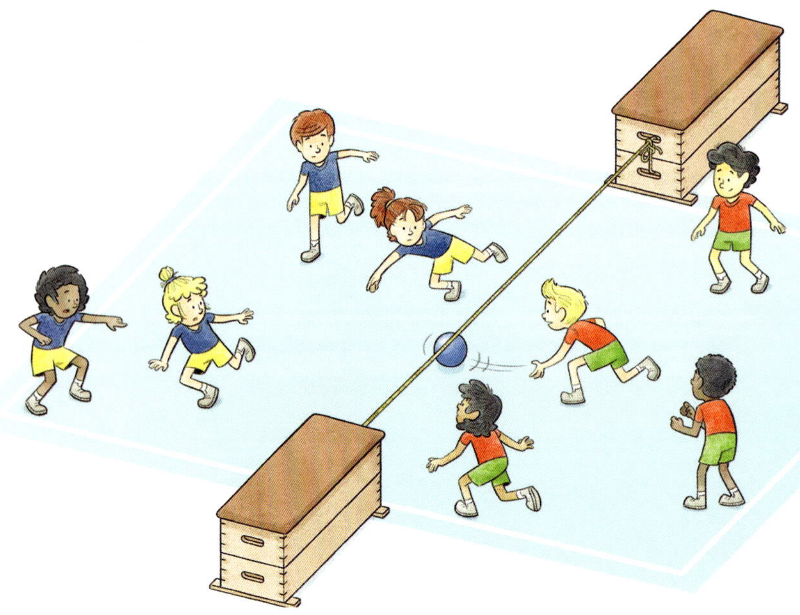

Variation

- Das Spiel wird gleichzeitig mit zwei oder mehreren Bällen gespielt (Komplexität II).
- Es darf nur eine bestimmte Anzahl an Pässen (z.B. drei Pässe) pro Versuch gespielt werden.
- An beiden Grundlinien wird jeweils eine Langbank mit der Sitzfläche zum Feld als verkleinerte Trefferfläche abgelegt (Komplexität III).

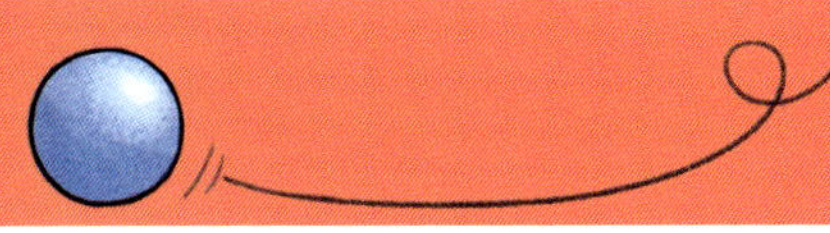

Beintorball

Rollender Ball	Zusammenspiel	Herausspielen von Zielschussaktionen	Komplexität I
Springender Ball	Freilaufen und Anbieten	Verwerten von Zielschussaktionen	Komplexität II
Fliegender Ball			Komplexität III

Die Spielfeldgröße richtet sich nach der Anzahl der Spieler. An beiden Enden des Spielfeldes befindet sich jeweils eine mit der Sitzfläche zum Feld ausgerichtete Langbank. Gespielt wird in zwei Mannschaften. Der Ball darf nur gerollt werden und das Ziel ist es, ihn mit beiden Händen durch die eigenen Beine an die Bank der gegnerischen Mannschaft zu rollen. Es darf dabei nur rollend zugepasst werden. Für jede Bankberührung des Balles gibt es einen Punkt.

Material: Ball, Langbänke, Leibchen

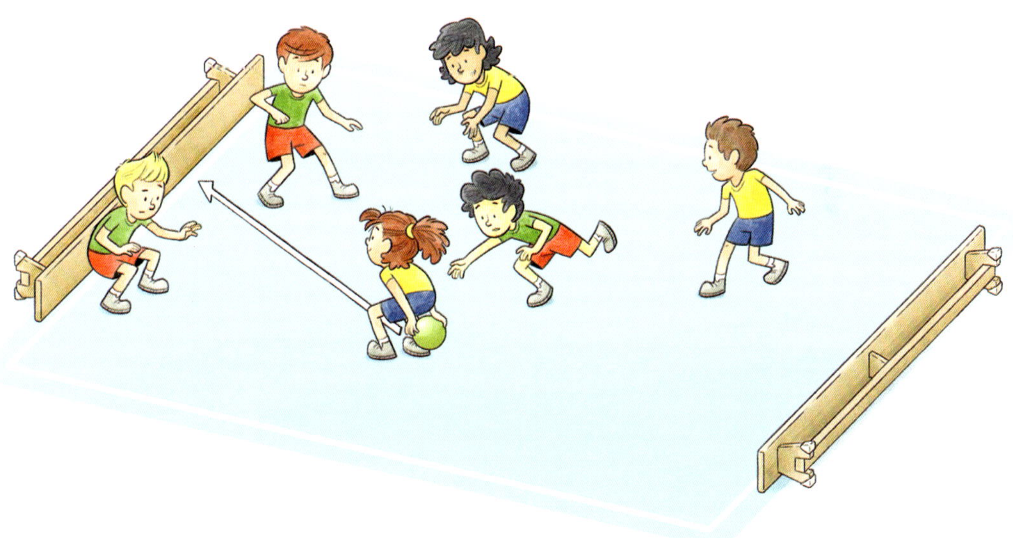

Variation

- Die Spieler dürfen mit dem Ball nicht laufen (Komplexität II).
- Es werden jeweils mehrere Langbänke pro Mannschaft als Ziel an allen vier Spielfeldseiten aufgestellt.
- Eine bestimmte Anzahl an Pässen vor der Bankberührung (z.B. mindestens drei Pässe) wird festgelegt (Komplexität II).
- Die Mannschaften spielen in Überzahl bzw. Unterzahl.
- Der Ball wird mit dem Fuß gedribbelt oder der Hand geprellt (springender Ball, Komplexität II).

Wurmspiel

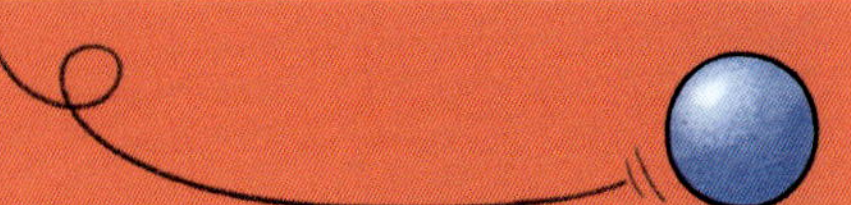

Rollender Ball	Zusammenspiel	Herausspielen von Zielschussaktionen	Komplexität I
Springender Ball	Freilaufen und Anbieten	Verwerten von Zielschussaktionen	Komplexität II
Fliegender Ball			Komplexität III

Beim Wurmspiel werden Gruppen von vier bis fünf Spielern gebildet. Jede Gruppe stellt sich hintereinander an einer markierten Linie auf. Auf ein Startsignal treten alle Teams gegeneinander an. Der Ball wird von hinten nach vorne durch die gegrätschten Beine der Mitspieler mit dem Fuß gepasst, der vorderste Spieler nimmt den Ball auf, läuft nach hinten und wiederholt den Vorgang. Dabei ist es das Ziel, dass die Spieler so schnell wie möglich wieder an ihrer Startposition ankommen. Jeder Mitspieler muss den Ball hierbei einmal gerollt haben.

Material: Bälle

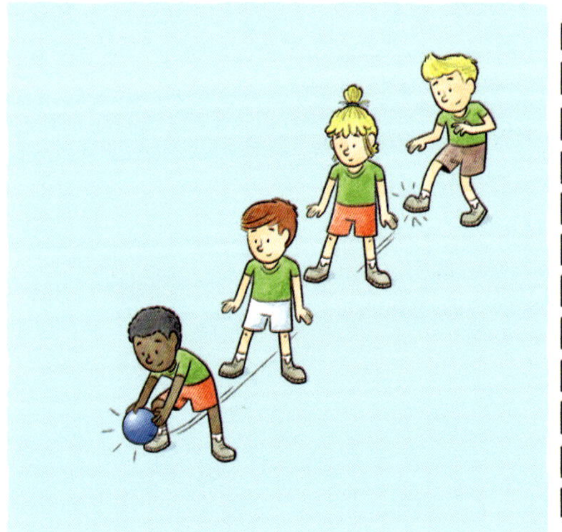

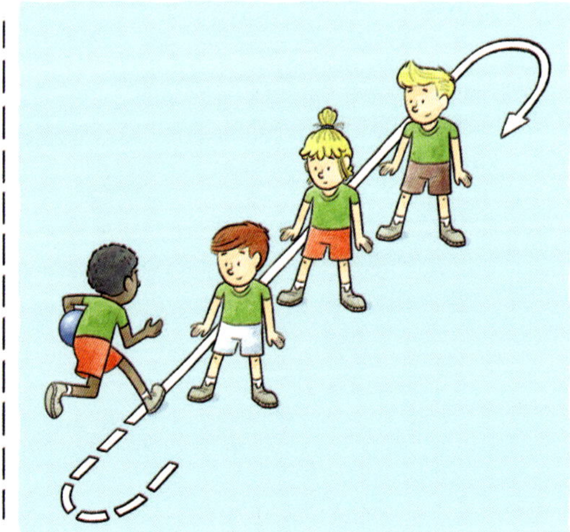

Variation

- Der Ball wird mit der Hand gerollt.
- Der Ball muss mit verschiedenen Körperteilen gestoppt werden (Fuß, Hand, Gesäß, Knie, Bauch).

Mehrtorball

Rollender Ball	Zusammenspiel	Herausspielen von Zielschussaktionen	Komplexität I
Springender Ball			Komplexität II
Fliegender Ball	Freilaufen und Anbieten	Verwerten von Zielschussaktionen	Komplexität III

Zwei Mannschaften mit jeweils 5 Spielern spielen gegeneinander. Auf dem Spielfeld sind 6 Hütchentore (Breite etwa 1 Meter) verteilt. Ein Punkt wird erzielt, wenn ein Pass durch eines der Hütchentore gespielt wird und auf der anderen Seite von einem Mitspieler angenommen wird. An einem Hütchentor kann jeweils nur ein Punkt durch Passspiel erzielt werden, danach muss ein Wechsel zu einem anderen Tor erfolgen. Die Mannschaft gewinnt, die innerhalb einer festgelegten Spielzeit die meisten Punkte erzielt.

Material: Ball, Hütchen, Leibchen

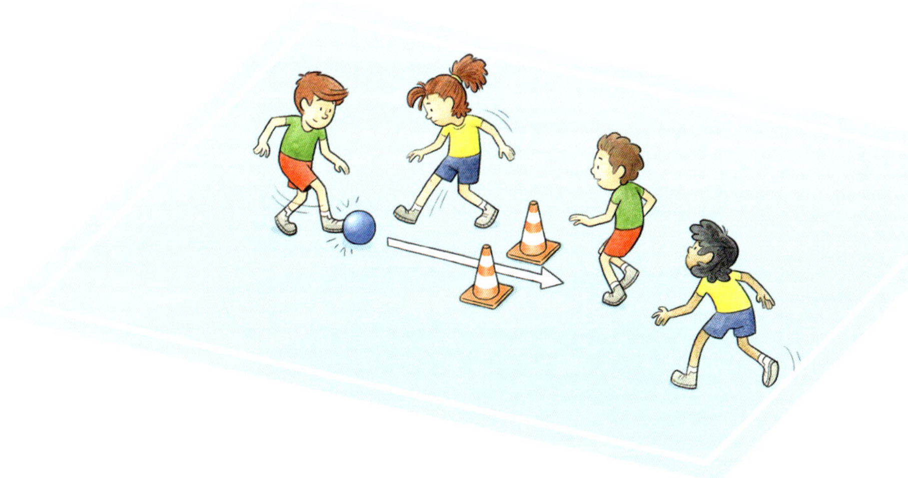

Variation

- Es gibt rote und gelbe Tore, welche abwechselnd angespielt werden müssen. Oder es wird eine Reihenfolge der Tore von 1 bis 6 festgelegt, die eingehalten werden muss.
- Das Spiel kann auch mit der Hand gespielt werden.

Stoppball

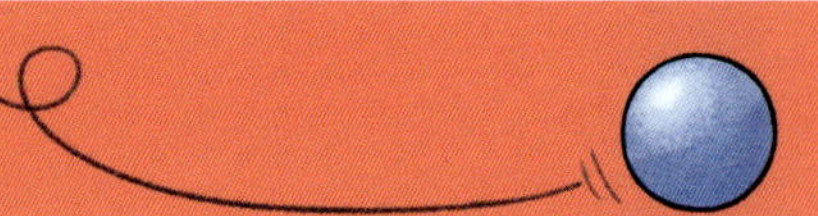

Rollender Ball
Springender Ball
Fliegender Ball

Zusammenspiel	Herausspielen von Zielschussaktionen
Freilaufen und Anbieten	Verwerten von Zielschussaktionen

Komplexität I
Komplexität II
Komplexität III

Jeweils zwei Kinder stehen hintereinander. Die Paare verteilen sich auf die ganze Spielfläche. Das hintere Kind ist in Ballbesitz und rollt den Ball mit der Hand durch die gegrätschten Beine des vorderen Kindes. Das vordere Kind läuft los und versucht, den Ball schnellstmöglich zu stoppen.

Material: Bälle

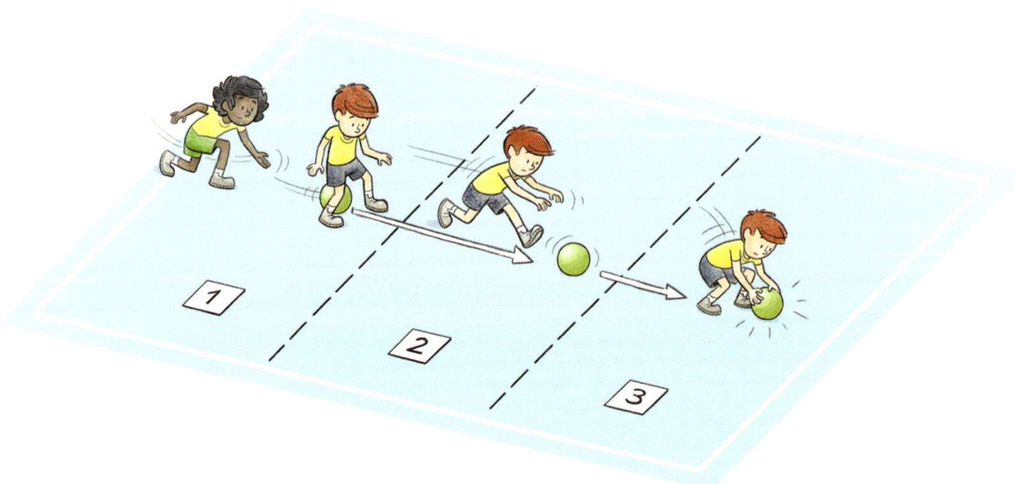

Variation

- Der Ball wird mit dem Fuß gespielt oder über das vordere Kind geworfen (fliegender Ball).
- Es werden unterschiedliche Formen festgelegt, den Ball mit Fuß, Hand oder anderen Körperpartien zu stoppen.

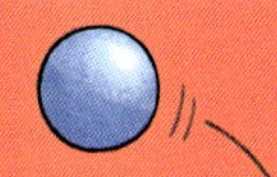

Viereck-Parteiball

Rollender Ball	Zusammenspiel	Herausspielen von Zielschussaktionen	Komplexität I
Springender Ball			Komplexität II
Fliegender Ball	Freilaufen und Anbieten	Verwerten von Zielschussaktionen	Komplexität III

Das gesamte Spielfeld entspricht einem großen Quadrat. Dieses Quadrat wird in vier rechteckige Felder unterteilt. In jedem dieser Felder befinden sich zwei Pärchen, die gegeneinander spielen. Ein Paar ist Angreifer, das andere ist Verteidiger. Insgesamt müssen zwei indirekte Pässe pro Feld gespielt werden. Gelingt dies, wird der Ball im Uhrzeigersinn in das Nachbarfeld gespielt. Insgesamt sollen acht Pässe gespielt werden. Bei einem Fehlpass wechseln Angreifer und Verteidiger.

Material: Ball, Hütchen, Leibchen

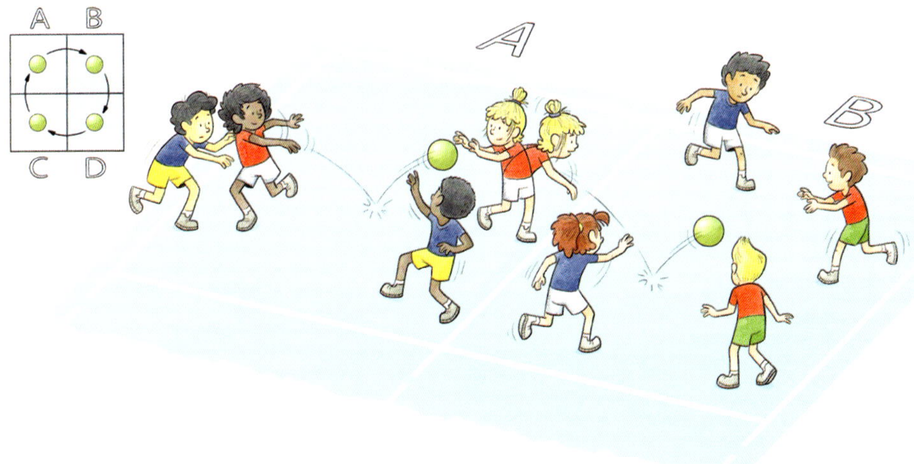

Variation

- Das Spiel kann mit verschiedenen Bällen gespielt werden.
- Das Parteiball-Spiel kann auch mit dem Fuß ausgeführt werden (rollender Ball).
- Beide Passrichtungen sind erlaubt (mit dem Uhrzeigersinn und entgegen des Uhrzeigersinns, aber nicht diagonal).

Hindernis-Brennball

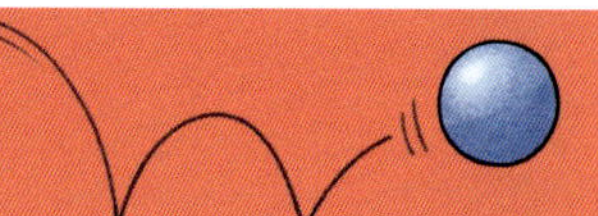

Rollender Ball	Zusammenspiel	Herausspielen von Zielschussaktionen	Komplexität I
Springender Ball			Komplexität II
Fliegender Ball	Freilaufen und Anbieten	Verwerten von Zielschussaktionen	Komplexität III

Ein Spielfeld wird abgesteckt. Um das Spielfeld herum stehen Hindernisse, die es zu überwinden gilt. Zwei Teams treten gegeneinander an. Ein Team (die Werfer) verteilt sich im Spielfeld, das andere Team (die Läufer) steht in Reihe sortiert am Startpunkt. Das Spiel beginnt, indem ein Spieler des Läufer-Teams einen Basketball in das Spielfeld wirft und so schnell wie möglich über die Hindernisse um das Spielfeld läuft. Das Werfer-Team versucht, so schnell wie möglich an den Ball zu gelangen und einen Mitspieler in gute Wurfposition zum Basketballkorb zu bringen. Dies darf nur durch Bodenpässe erfolgen. Das Werfer-Team muss den Ball im Basketballkorb unterbringen. Der Läufer muss abschätzen, wann der Ball erfolgreich im Basketballkorb landet. Befindet sich der Läufer nicht auf einem Hindernis, wenn ein Korberfolg gelingt, ist er „verbrannt“. Gelingt es dem Läufer hingegen, auf einem Hindernis zu verweilen und sich so zu schützen, kann er weiterlaufen, wenn der nächste Mitspieler an der Reihe ist.

Material: Bälle, Hütchen, Leibchen, Hindernisse (wie z.B. großer Kasten, Langbank)

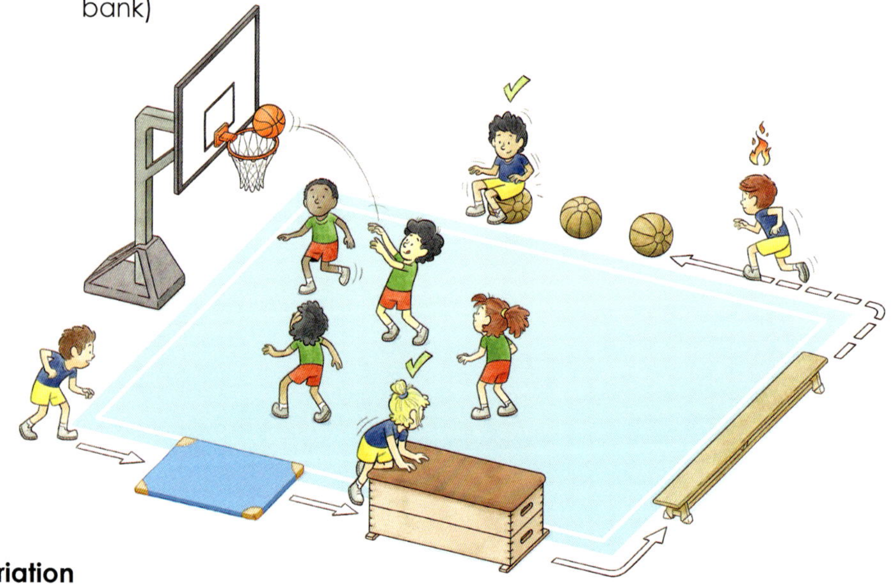

Variation

- Das Spiel kann auch mit Zielwurfstationen oder Handballtoren (7-Meter-Würfe mit gegnerischem Torwart) gespielt werden (fliegender Ball).
- Durch die Größe des Spielfeldes und die Anzahl der Hindernisse kann das Spiel der Gruppe angepasst und in seiner Intensität variiert werden.

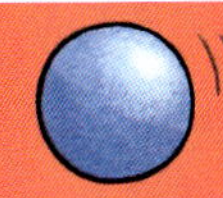

Wechselspiel

Rollender Ball	Zusammenspiel	Herausspielen von Zielschussaktionen	Komplexität I
Springender Ball			Komplexität II
Fliegender Ball	Freilaufen und Anbieten	Verwerten von Zielschussaktionen	Komplexität III

Es werden zwei quadratische Spielfelder markiert. Zwei Mannschaften stellen sich jeweils in vier Ecken auf und treten gegeneinander an. In jedem Viereck sind zwei Bälle, die diagonal gegenüber positioniert sind, vorhanden. Mit Spielbeginn werden Pässe (Wurf) im Uhrzeigersinn des Vierecks gespielt. Nach einem Pass läuft der Spieler diagonal zur gegenüberliegenden Ecke und stellt sich dort an. Die Bälle laufen immer weiter im Uhrzeigersinn. Die Mannschaft, die in einer vorher festgelegten Zeit mehr Durchläufe schafft, gewinnt.

Material: Softbälle, Hütchen

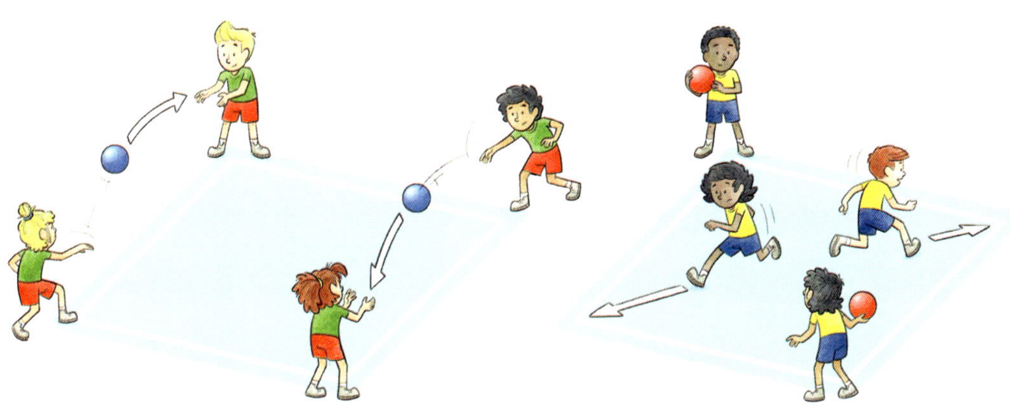

Variation

- Durch Variation der Spielfeldgröße können die Anforderungen der Pass- und Laufwege verändert bzw. der Gruppe angepasst werden.
- Das Wechselspiel kann auch mit dem Fuß durchgeführt werden (rollender Ball).

Freilaufspiel

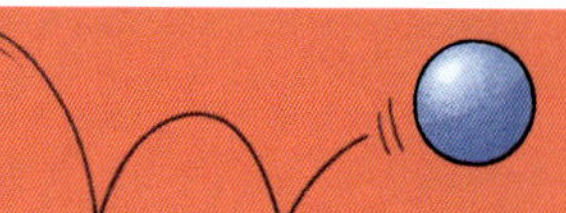

Rollender Ball	Zusammenspiel	Herausspielen von Zielschussaktionen	Komplexität I
Springender Ball			Komplexität II
Fliegender Ball	Freilaufen und Anbieten	Verwerten von Zielschussaktionen	Komplexität III

Eine Hallenhälfte bildet das Spielfeld. Das Spielfeld wird in eine innere und äußere Zone unterteilt. In der inneren Zone sind Hindernisse in Form von Matten, Kästen, Hütchen, Bänken etc. verteilt. Die Kinder verteilen sich auf die beiden Zonen. Die Kinder im inneren Spielfeld bewegen sich so, dass sie keine Hindernisse berühren und in freier Position zu einem Spieler in der äußeren Zone stehen. Dieser spielt einen Pass (Wurf) und „belohnt" somit das Freilaufen. Bei erfolgreichem Passspiel wechseln die beiden Spieler die Zonen.

Material: Ball, Matten, Kästen, Hütchen, Langbänke

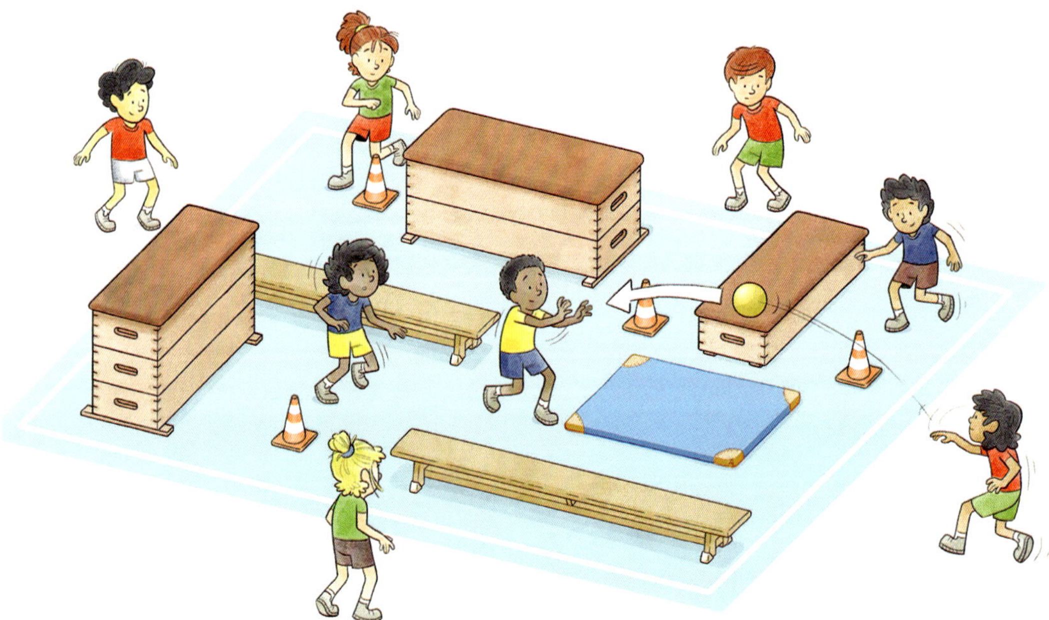

Variation

- Es erfolgt kein ständiger Wechsel der Spielfelder, sondern es werden Rückpässe gespielt.
- Ein Wechsel der Spielfelder erfolgt erst nach einer festgelegten Zeit oder einer vereinbarten Anzahl an gespielten Pässen.
- Das Spiel kann alternativ auch mit den Füßen gespielt werden (rollender Ball).

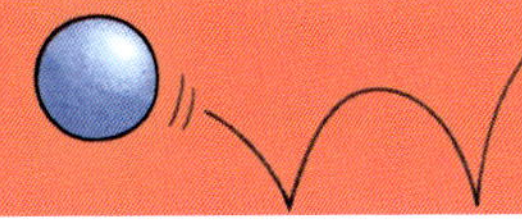

Neckball

Rollender Ball	Zusammenspiel	Herausspielen von Zielschussaktionen	Komplexität I
Springender Ball			Komplexität II
Fliegender Ball	Freilaufen und Anbieten	Verwerten von Zielschussaktionen	Komplexität III

Die Kinder sitzen in einem Kreis und passen sich einen Ball mit der Hand zu. Außerhalb des Kreises befinden sich die Fänger, die versuchen, einen im Kreis sitzenden Spieler in dem Moment abzuschlagen, in dem dieser in Ballbesitz ist. Gelingt dies einem Fänger, so wechselt er mit dem abgeschlagenen Spieler die Position.

Material: Ball

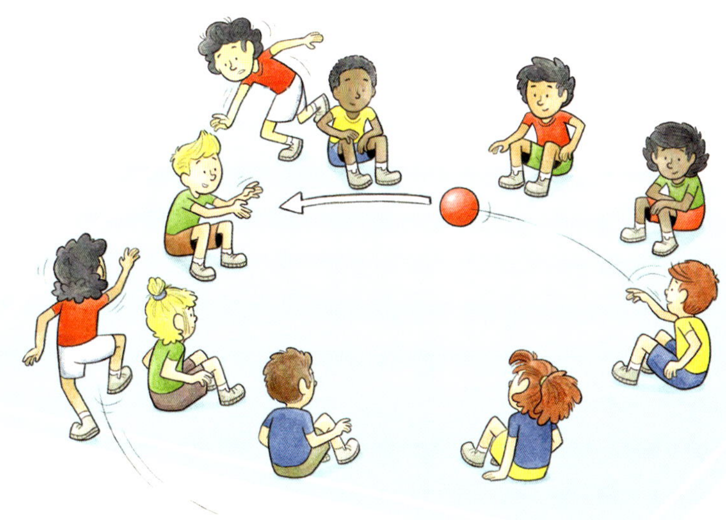

Variation

- Die Spieler können sich im Kreis kniend den Ball mit indirekten Pässen (Bodenpass - springender Ball, Druckpass – fliegender Ball) oder stehend mit dem Fuß (rollender Ball) zuspielen.
- Das Spiel kann durch die Anzahl der Fänger und / oder den Einsatz weiterer Bälle in seiner Intensität variiert werden.

Start und Ziel

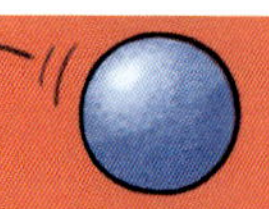

Rollender Ball	Zusammenspiel	Herausspielen von Zielschussaktionen	Komplexität I
Springender Ball			Komplexität II
Fliegender Ball	Freilaufen und Anbieten	Verwerten von Zielschussaktionen	Komplexität III

Die Spieler werden in Läufer und Werfer aufgeteilt. Die Werfer stehen an der Ziellinie. Die Läufer stehen ihnen gegenüber an der Startlinie. In der Mitte des Feldes liegen Softbälle, die nur für die Werfer zugänglich sind. Bei Start sprinten beide Seiten aufeinander zu. Die Läufer sollen so schnell wie möglich die gegenüberliegende Ziellinie erreichen. Die Werfer hingegen nehmen die in der Mitte liegenden Bälle auf und versuchen, die Läufer vor Erreichen der Ziellinie abzuwerfen. Gelingt dies, sind die Läufer aus dem Spiel. Das Spiel ist zu Ende, wenn alle Läufer getroffen sind. Nach fünf Durchgängen wird gewechselt.

Material: Bälle

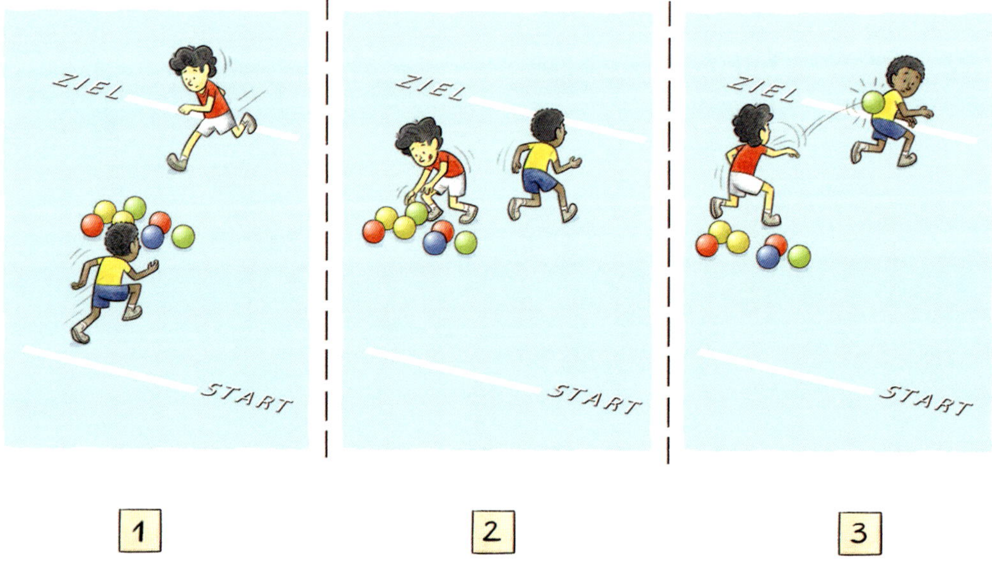

Variation

- Die getroffenen Läufer werden zusätzlich zu Werfern.

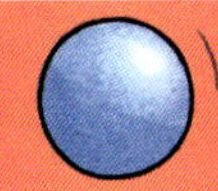

Läufer gegen Werfer

Rollender Ball	Zusammenspiel	Herausspielen von Zielschussaktionen	Komplexität I
Springender Ball	Freilaufen und Anbieten	Verwerten von Zielschussaktionen	Komplexität II
Fliegender Ball			Komplexität III

Es spielt ein Läuferteam (mit Torhüter) und ein Werferteam gegeneinander. Ein Spieler des Läuferteams steht im Tor, die Werfer postieren sich an der 7-Meter-Linie. Der erste Läufer wirft einen Ball in Richtung des Werferteams ins Spielfeld. In diesem Moment läuft er los und versucht, einen aufgebauten Parcours mit Hindernissen zu überwinden. Die Werfer versuchen, so schnell wie möglich, von der 7- Meter-Linie gegen den Torhüter ein Tor zu erzielen. Wenn der Läufer es nicht schafft, vor dem erzielten Tor über die Ziellinie zu kommen, geht der Punkt an das Werferteam.

Material: Bälle , Matten, Kasten, Langbank

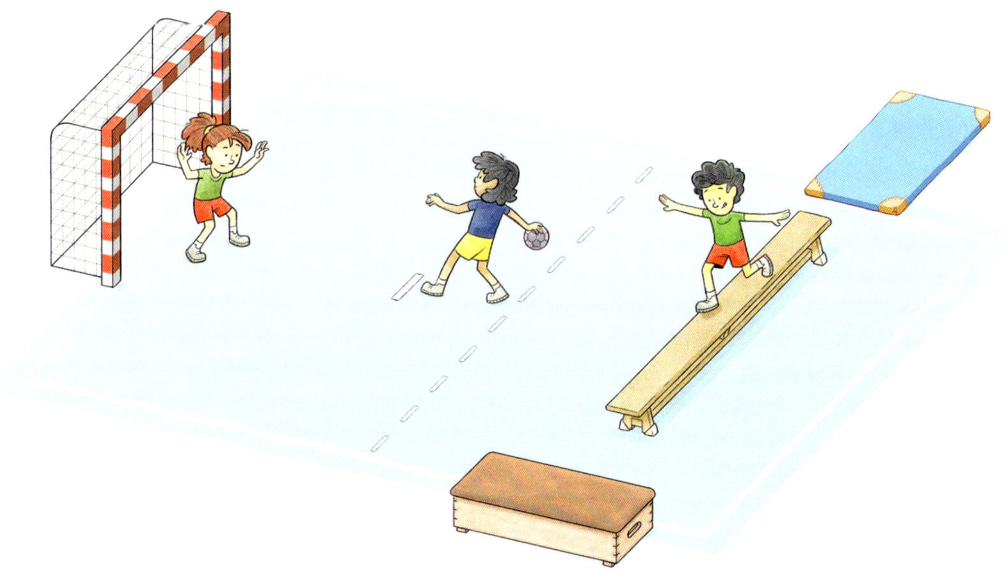

Variation

- Durch eine Variation der Hindernisse kann der Parcours unterschiedlich anspruchsvoll gestaltet werden.
- Die Werfer müssen einen Korb erzielen oder ein Tor mit dem Fuß schießen.

Parteiball

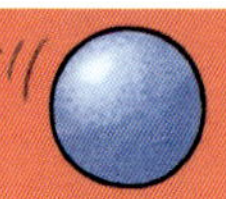

Rollender Ball
Springender Ball
Fliegender Ball

Zusammenspiel	Herausspielen von Zielschussaktionen
Freilaufen und Anbieten	Verwerten von Zielschussaktionen

Komplexität I
Komplexität II
Komplexität III

Es werden zwei Mannschaften gebildet. Die beiden Mannschaften spielen mit dem Ziel gegeneinander, sich innerhalb des eigenen Teams einen Ball so oft wie möglich zuzupassen, ohne dass der Gegner an den Ball gelangt. Nach einer bestimmten Anzahl an erfolgreichen Pässen oder nach Ballverlust wechselt der Ballbesitz zur anderen Mannschaft.

Material: Ball, Leibchen

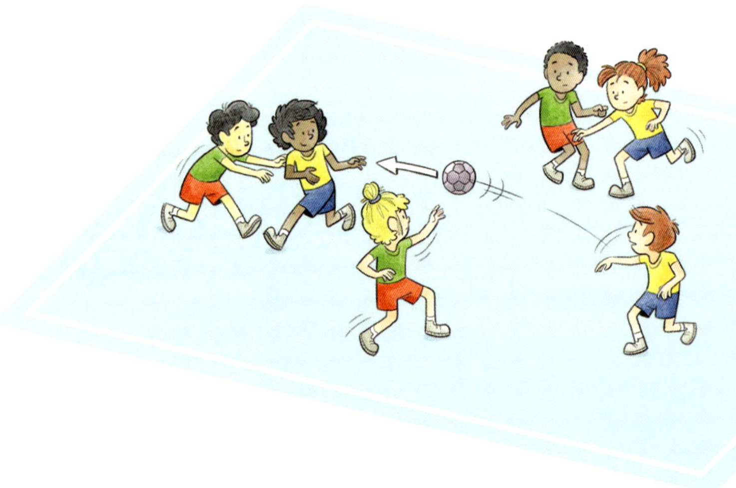

Variation

- Das Parteiball-Spiel kann auch mit dem Fuß gespielt werden (rollender Ball).
- Das Spiel kann durch unterschiedliche Passvarianten (Hand: direkte, indirekte Pässe; Fuß: erst stoppen, dann passen; nur direkte Pässe) in seiner Schwierigkeit gesteigert werden.

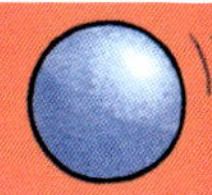

Abwurfspiel

Rollender Ball	Zusammenspiel	Herausspielen von Zielschussaktionen	Komplexität I
Springender Ball	Freilaufen und Anbieten	Verwerten von Zielschussaktionen	Komplexität II
Fliegender Ball			Komplexität III

Die Spieler finden sich paarweise zusammen und passen sich jeweils einen Ball auf frei gewählten Laufwegen zu. Es werden je nach Gruppengröße bis zu vier Fänger bestimmt, die durch Leibchen gekennzeichnet sind. Diese versuchen, Spieler, die sich gerade nicht im Ballbesitz befinden, mit Softbällen abzuwerfen. Nach erfolgreichem Abwurf wechseln die Aufgaben des Fängers und des Getroffenen.

Material: Bälle, Softbälle, Leibchen

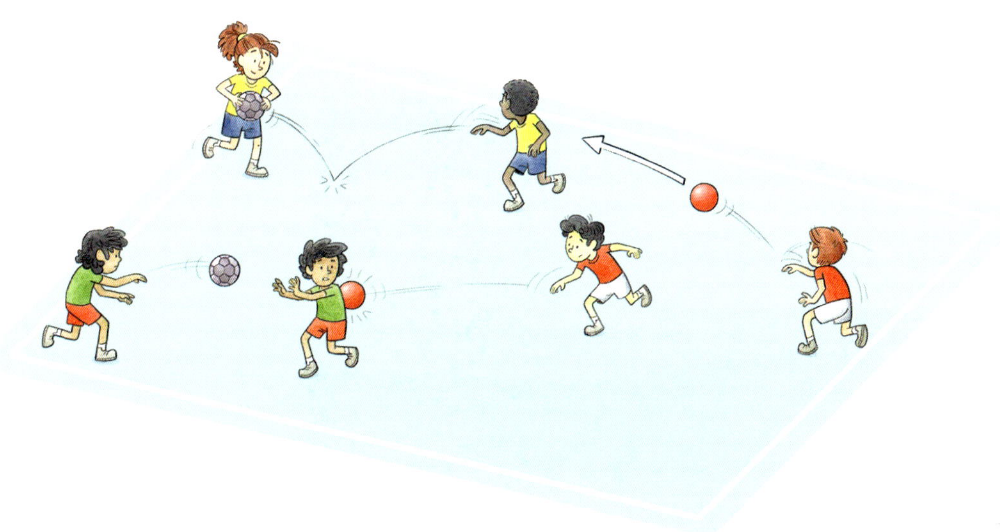

Variation

- Die Fänger bewegen sich nur mit prellendem Ball und versuchen, einen Spieler ohne Ball abzuwerfen.
- Die Paare spielen sich die Bälle auch oder nur durch Bodenpässe zu (springender Ball).

Escapeball

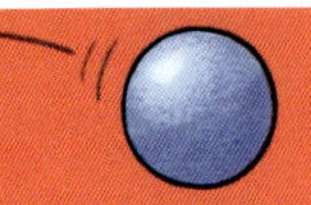

Rollender Ball	Zusammenspiel	Herausspielen von Zielschussaktionen	Komplexität I
Springender Ball			Komplexität II
Fliegender Ball	Freilaufen und Anbieten	Verwerten von Zielschussaktionen	Komplexität III

In einem begrenzten Spielfeld befindet sich auf jeder der vier Seiten ein mit Hütchen abgesteckter Ausgang. Die Ausgänge tragen die Nummern 1 bis 4. Die Spieler bewegen sich paarweise auf dem Spielfeld und passen sich jeweils einen Ball zu. Dabei sind direkte und indirekte Pässe erlaubt. Wenn der Spielleiter eine Zahl zwischen 1 und 4 ruft, versuchen die Spielpaare mit ihrem Ball so schnell wie möglich das Spielfeld durch den entsprechenden Ausgang zu verlassen. Das letzte Paar muss eine Strafrunde (um das Spielfeld) laufen.

Material: Bälle, Hütchen

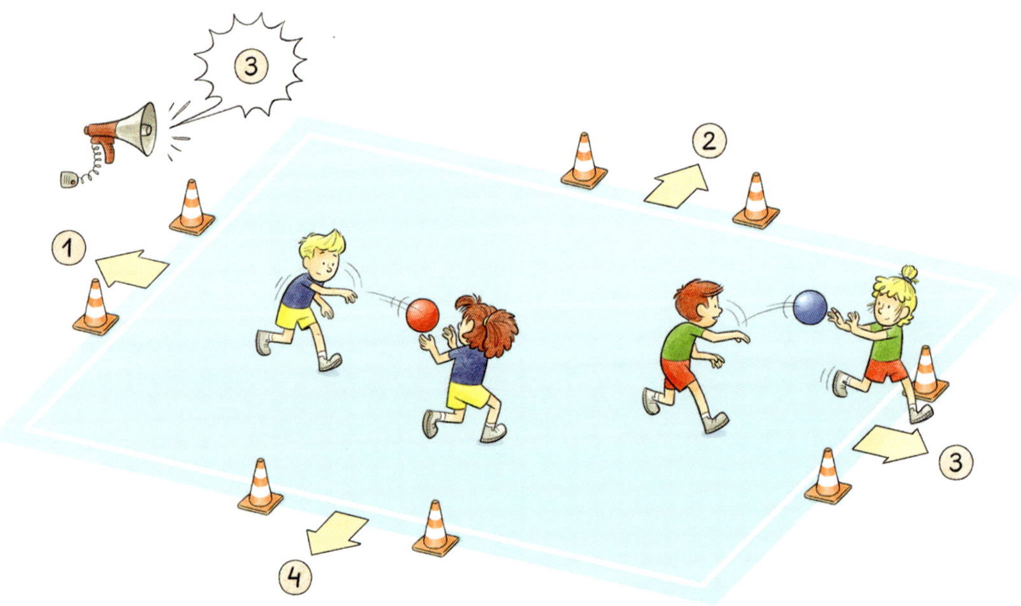

Variation

- Durch eine Veränderung des Spielfeldes und der Größe der Ausgänge kann das Spiel in seiner Intensität variiert werden.
- Für das Laufen und Passen kann eine Schrittregel eingeführt werden.
- Vor dem Verlassen des Spielfeldes durch einen Ausgang muss ein Doppelpass gespielt werden.
- Das Spiel kann auch mit dem Fuß gespielt werden (rollender Ball).

Helferball

Rollender Ball	Zusammenspiel	Herausspielen von Zielschussaktionen	Komplexität I
Springender Ball			Komplexität II
Fliegender Ball	Freilaufen und Anbieten	Verwerten von Zielschussaktionen	Komplexität III

Es werden zwei Kinder als Fänger ausgewählt (Leibchen), die das Ziel verfolgen, in einem markierten Spielfeld die anderen Kinder durch „Abschlagen" zu fangen. Den Gejagten stehen zwei Bälle zur Verfügung, die sie sich direkt oder indirekt innerhalb der ganzen Gruppe zuwerfen dürfen. Dabei können Kinder in Ballbesitz von den Fängern nicht abgeschlagen werden. Die Kinder in Ballbesitz dürfen nicht laufen. Wurde jemand abgeschlagen, so ist dieses Kind dann Fänger.

Material: Bälle, Leibchen, Hütchen

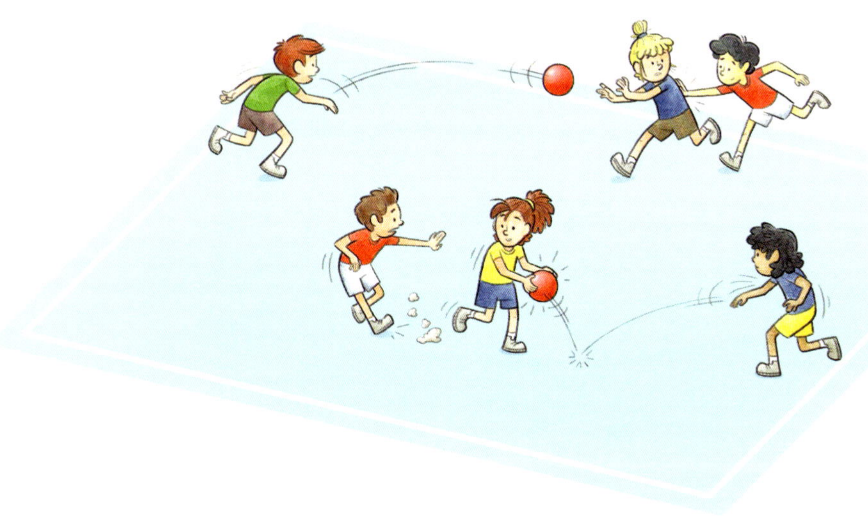

Variation

- Die Anzahl der verfügbaren Bälle kann variiert werden.
- Das Spiel kann auch mit dem Fuß gespielt werden (rollender Ball).

Hütchenwerfen

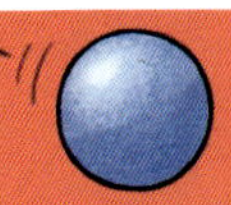

Rollender Ball	Zusammenspiel	Herausspielen von Zielschussaktionen	Komplexität I
Springender Ball			Komplexität II
Fliegender Ball	Freilaufen und Anbieten	Verwerten von Zielschussaktionen	Komplexität III

Das Spielfeld hat die Größe einer Hallenhälfte. Eine Mittellinie trennt die beiden gegeneinander spielenden Mannschaften. Auf den beiden Seitenauslinien stehen große Kästen, auf denen mehrere Hütchen platziert sind. Beide Mannschaften versuchen, die Hütchen im gegnerischen Feld abzuwerfen. Die Spieler dürfen die Würfe nicht abfangen oder verhindern, dass die Hütchen herunterfallen. Die Mannschaft, die zuerst alle Hütchen abwirft, gewinnt.

Material: Bälle, Hütchen, Kästen

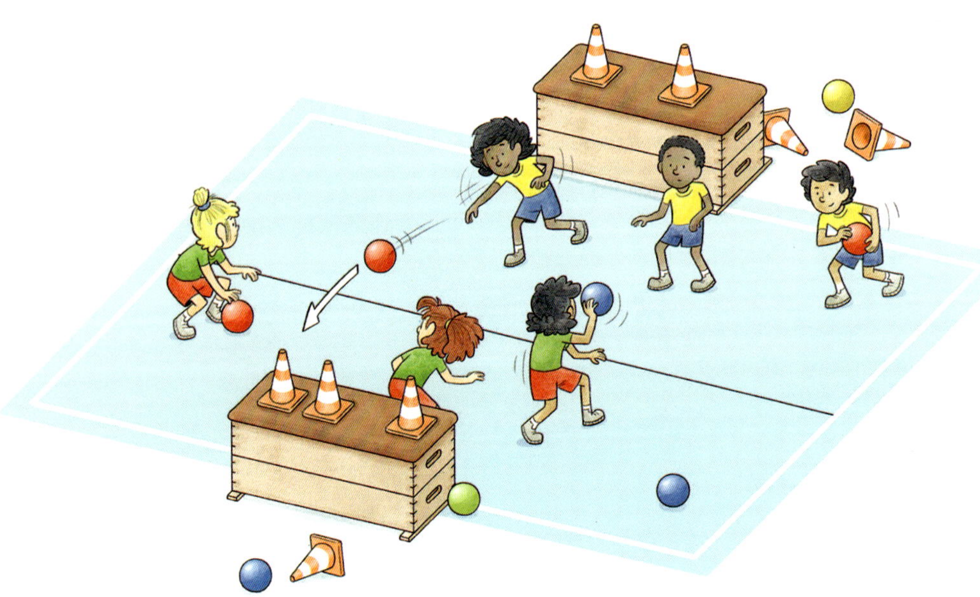

Variation

- Die Veränderung der Spielfeldgröße und Anpassung der Würfe (z.B. nur Würfe mit Bodenkontakt sind erlaubt) können die Anforderungen und Spielaktionen variieren.
- Die Spieler dürfen die Würfe verteidigen („Wurfkreis" zum Kasten festlegen), Zuspiele in der eigenen Mannschaft sind möglich.

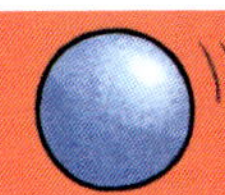

Basketball-Biathlon

Rollender Ball	Zusammenspiel	Herausspielen von Zielschussaktionen	Komplexität I
Springender Ball			Komplexität II
Fliegender Ball	Freilaufen und Anbieten	Verwerten von Zielschussaktionen	Komplexität III

Zwei Mannschaften postieren sich jeweils unter ihrem eigenen Basketballkorb. Startet das Spiel, läuft jeweils ein Spieler aus beiden Teams prellend auf den gegenüberliegenden Korb zu. Ziel ist es, den Basketball im gegnerischen Korb von einem frei gewählten Ort unterzubringen und bei Erfolg zurück zum eigenen Team zu laufen und einen Mitspieler abzuschlagen, sodass dieser die Staffel fortführen kann. Gelingt es nicht, einen Korb zu erzielen, muss der Spieler eine kleine Strafrunde laufen – danach versucht er es erneut. Jeder Spieler hat drei Versuche, einen Korb zu erzielen. Gelingt dem Spieler bei drei Versuchen kein Korberfolg, läuft er zurück und schickt den nächsten Mitspieler los. Die Mannschaft, die zuerst fertig ist, gewinnt.

Material: zwei Basketbälle, zwei Basketballkörbe

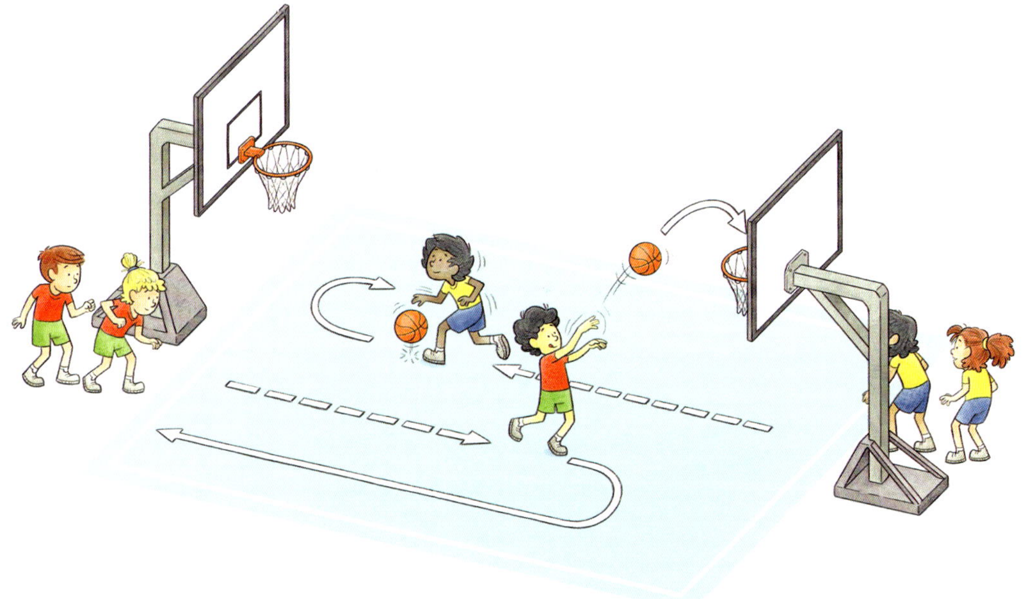

Variation

- Das Spiel kann auch als Handball- oder Fußball-Biathlon mit Wurf- bzw. Schusszielen durchgeführt werden (fliegender und rollender Ball).

Eierlegen

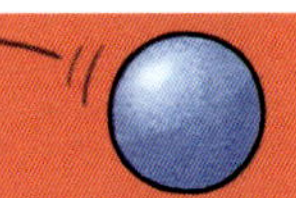

Rollender Ball	Zusammenspiel	Herausspielen von Zielschussaktionen	Komplexität I
Springender Ball			Komplexität II
Fliegender Ball	Freilaufen und Anbieten	Verwerten von Zielschussaktionen	Komplexität III

Bei dem Spiel handelt es sich um eine abgewandelte Form des Parteiball-Spiels (siehe S.98). Zwei Mannschaften spielen gegeneinander. Im Spielfeld sind Gymnastikreifen verteilt. Anstatt wie beim Parteiball den Ball so lange wie möglich in den eigenen Reihen zu halten, geht es beim Eierlegen darum, Pässe an einen Mitspieler zu bringen, der in einem der Reifen steht. Mit dem Ball in der Hand darf nicht gelaufen werden. Im Reifen dürfen sich die Spieler nur für drei Sekunden aufhalten. Für jeden gelungenen Pass an einen Mitspieler im Reifen gibt es einen Punkt. Die Mannschaft, die innerhalb der Spielzeit die meisten Punkte gesammelt hat, gewinnt.

Material: zwei Bälle, Reifen, Leibchen

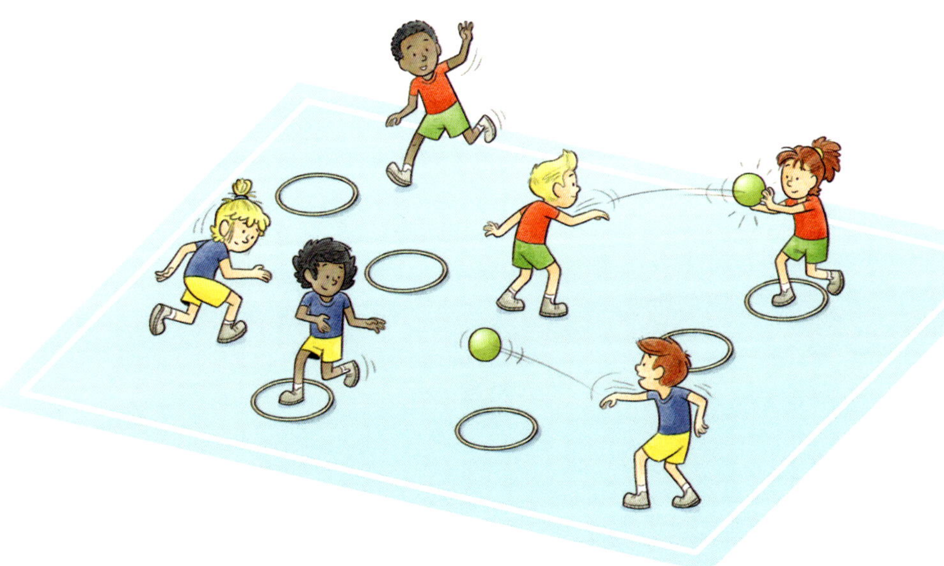

Variation

- Das Spiel kann durch Veränderung der Feldgröße und den Einsatz verschiedener Bälle variiert werden.
- Das Spiel kann auch mit dem Fuß gespielt werden (rollender Ball).
- Das Spiel kann auch mit einem Ball gegeneinander gespielt werden (Komplexität III).

Wächterball

Rollender Ball	Zusammenspiel	Herausspielen von Zielschussaktionen	Komplexität I
Springender Ball	Freilaufen und Anbieten	Verwerten von Zielschussaktionen	Komplexität II
Fliegender Ball			Komplexität III

Zwei Mannschaften spielen gegeneinander. Im Spielfeld befindet sich in einem Kreis der König. Er gehört jeweils zur ballbesitzenden Mannschaft. Die andere Mannschaft verteidigt um den Kreis herum und versucht, das Anspielen des Königs zu verhindern. Wenn die ballführende Mannschaft den Ball verliert, gibt es zwei Varianten, um das Spiel fortzusetzen:

Variante I: Die ballbesitzende Mannschaft wechselt bei Verlust des Balles in die Abwehr, der König wechselt und wird nun von der angreifenden Mannschaft gestellt.

Variante II: Bei Verlust des Balles bekommt die angreifende Mannschaft den Ball zurück. Nach 5 oder 10 Minuten wechseln die Mannschaften zwischen Angriff und Verteidigung, der König wird jeweils von der angreifenden Mannschaft gestellt.

Material: Bälle, Leibchen

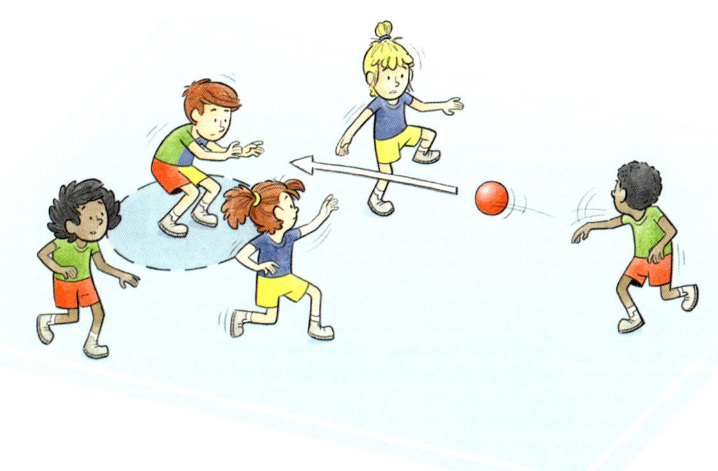

Variation

- Durch eine Veränderung der Größe des Kreises (König) und eine Vorgabe an zu spielenden Pässen kann das Spiel variiert werden.
- Das Spiel kann auch mit dem Fuß gespielt werden (rollender Ball).

Nummernzuspiel

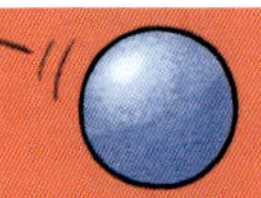

Rollender Ball	Zusammenspiel	Herausspielen von Zielschussaktionen	Komplexität I
Springender Ball			Komplexität II
Fliegender Ball	Freilaufen und Anbieten	Verwerten von Zielschussaktionen	Komplexität III

Für das Spiel werden mehrere Teams mit gleicher Spieleranzahl gebildet. Innerhalb jeder Mannschaft erhält jeder Spieler eine Nummer. Die Mitspieler passen sich aufsteigend nach der Nummer den Ball direkt zu, ohne dass das Spielgerät verloren geht. Dabei sollen sich alle Spieler frei bewegen und an ihren Mitspielern orientieren.

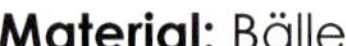

Material: Bälle

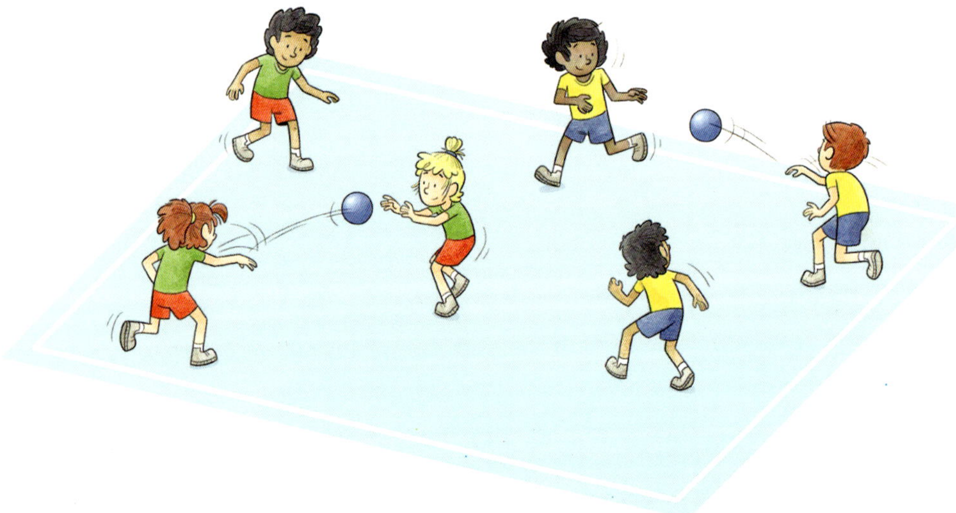

Variation

- Es können auch indirekte Pässe (springender Ball) gespielt werden oder das Spiel wird als Passfolge mit dem Fuß ausgeführt (rollender Ball).
- Die Anzahl der Bälle pro Team kann – in Abhängigkeit von der Größe der Teams – erhöht werden.
- Die Abfolge der Nummern kann sowohl vorwärts als auch rückwärts gespielt werden.
- Als Wettbewerbsform können die gelungenen Passfolgen gezählt werden, das Team mit den meisten fehlerfreien Pässen gewinnt.
- Ein Ballverlust kann auch sanktioniert werden, zum Beispiel durch drei Sit-Ups oder Liegestütze.
- Es werden Störspieler eingesetzt, die das Ziel verfolgen, die Pässe abzufangen.

Lernstufe 3: Sportspielspezifische Handlungsfähigkeit

Verzeichnis der Spiel- und Übungsformen

Lernstufe 3 **Name des Spiels / der Übungsform**	**Basketball**	**Fußball**	**Handball**	**Zusammen-spiel**	**Freilaufen**	**Heraus-spielen**	**Verwerten**	**Komplexität**	**Seite**
Königsball	•			•	•	•	•	III	**107**
Zielwurf	•			•	•	•	•	II	**108**
Reboundball	•			•	•	•		III	**109**
Kastenbasketball	•			•	•	•	•	III	**110**
Brettball mit Korbwurf	•			•	•	•	•	III	**111**
Give and go		•		•			•	III	**112**
Sprintball		•					•	III	**113**
Pärchen-Fußball		•		•			•	II	**114**
Schlappenhockey		•		•	•	•	•	II	**115**
Linienfußball		•		•	•	•		III	**116**
2-Farben-Spiel		•		•	•	•		III	**117**
Zonenball		•		•	•	•		III	**118**
Bewegliche Tore		•		•	•	•	•	III	**119**
Hütchenfußball		•		•	•	•		III	**120**
4-Tore-Ball			•	•	•	•		III	**121**
Mattenball			•	•	•	•		II	**122**
3 gegen 3 + 1			•	•	•	•	•	III	**123**
Handball-Kopfball			•	•	•	•	•	III	**124**
Aufsetzerball			•	•	•	•		III	**125**
4 gegen 3			•	•	•			II	**126**
Handball-Fußball		•	•	•	•	•	•	III	**127**
Mini-Basketball	•			•	•	•	•	III	**128**
Mini-Fußball		•		•	•	•	•	III	**129**
Mini-Handball			•	•	•	•	•	III	**130**
Mini-Turnier	•	•	•	•	•	•	•	III	**131**

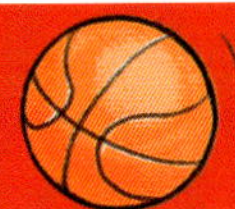

Königsball

Basketball	Zusammenspiel	Herausspielen von Zielschussaktionen	Komplexität I
Fußball			Komplexität II
Handball	Freilaufen und Anbieten	Verwerten von Zielschussaktionen	Komplexität III

Es spielen zwei Mannschaften in einem markierten Feld gegeneinander und jede Mannschaft bestimmt einen König. Diese stehen jeweils auf einem Kasten in der gegnerischen Spielhälfte. Ziel der Mannschaften ist es, ihrem König den Basketball erfolgreich zuzupassen und somit einen Punkt zu erlangen. Gewonnen hat die Mannschaft, die innerhalb der Spielzeit die meisten Punkte erzielt hat.

Material: Basketball, Leibchen, zwei Kästen, Hütchen

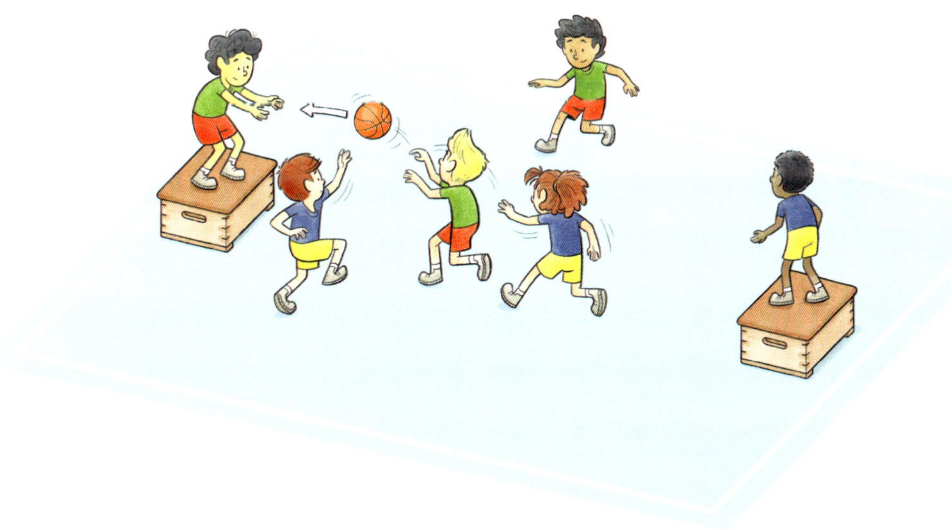

Variation

- Das Spiel kann auch mit einem Handball ausgeführt werden. Die Ballführung und das Passspiel können den Basketball- bzw. Handballregeln angepasst werden.
- Die Anzahl der zu spielenden Pässe vor dem finalen Pass zum König kann festgelegt werden.

Zielwurf

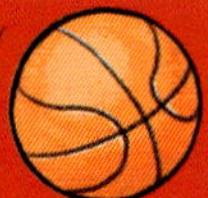

Basketball	Zusammenspiel	Herausspielen von Zielschussaktionen	Komplexität I
Fußball			Komplexität II
Handball	Freilaufen und Anbieten	Verwerten von Zielschussaktionen	Komplexität III

Das Spiel Zielwurf kann in unterschiedlicher Art und Weise gespielt werden. Ausgangspunkt ist ein Überzahlspiel (3 gegen 2) beispielsweise mit Wurfzielen in einer abgegrenzten Zone. Um Punkte erzielen zu können, müssen die vorgegebenen Ziele getroffen werden. Während des Spiels müssen zusätzlich bestimmte Aufgaben – wie zum Beispiel 10 Pässe innerhalb des Teams spielen – vor dem Abschluss erfüllt werden.

Material: Basketball, Hütchen, Leibchen, Reifen, Kästen, Seil oder Gummiband

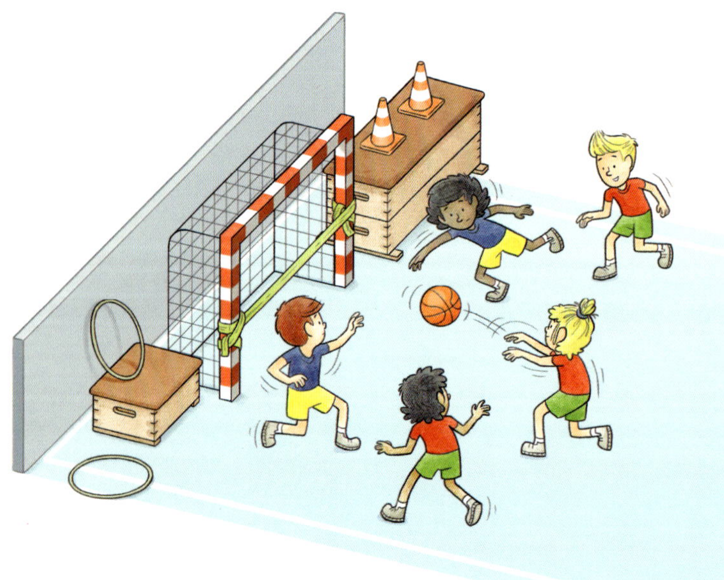

Variation

- Bei Zielschüssen kann ein Tor mit Gummiband aufgeteilt werden (die obere Torhälfte zählt zwei, die untere einen Punkt).
- Die Wurfziele können variiert werden (zum Beispiel Hütchen auf einem Kasten, Reifen an der Wand).
- Aufgaben können sein: Ball muss geprellt werden, Passspiel nur durch Bodenpässe, Zuspiel nur direkte Pässe.

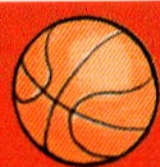

Reboundball

Basketball	Zusammenspiel	Herausspielen von Zielschussaktionen	Komplexität I
Fußball			Komplexität II
Handball	Freilaufen und Anbieten	Verwerten von Zielschussaktionen	Komplexität III

In einem abgegrenzten Feld spielen zwei Mannschaften gegeneinander auf zwei Wände. Ein Punkt wird erzielt, wenn es einer Mannschaft gelingt, den Basketball über einen Bodenpass so an die gegnerische Wand zu werfen, dass er nach dem Abprallen von der Wand auf den Boden fällt. Die gegnerische Mannschaft versucht zu verhindern, dass Pässe erfolgreich an die Wand gespielt werden oder nach dem Kontakt mit der Wand auf dem Boden landen (zuvor auffangen). Die Kinder der anderen Mannschaft müssen durch „ausboxen" (den Körper reinstellen) ihren Gegenspieler daran hindern, den fliegenden Ball abzufangen.

Material: Basketball, Leibchen, Hütchen

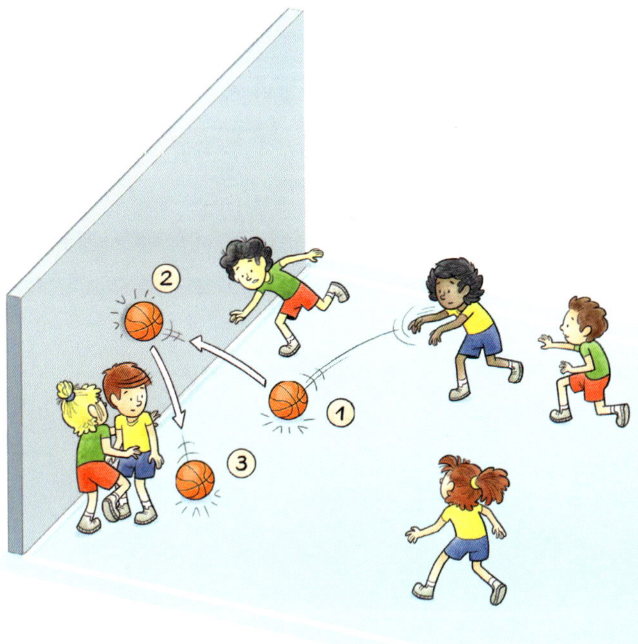

Variation

- Das Spiel kann auch mit einem Handball ausgeführt werden. Die Ballführung kann den Basketball- und Handballregeln angepasst werden.
- Als Variante darf der Ball für einen Punktgewinn nicht auf den Boden fallen, sondern von einem Mitspieler gefangen werden.

Kastenbasketball

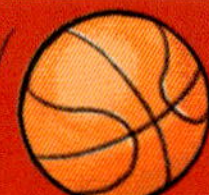

Basketball
Fußball
Handball

Zusammenspiel	Herausspielen von Zielschussaktionen
Freilaufen und Anbieten	Verwerten von Zielschussaktionen

Komplexität I
Komplexität II
Komplexität III

Das Spiel Kastenbasketball ist eine Erweiterung von Königsball (siehe S. 109). Auf beiden Freiwurflinien wird ein Kasten platziert auf dem sich jeweils ein „König" befindet. Wie beim Königsball ist es das Ziel des Spiels, den König der eigenen Mannschaft auf seinem Kasten anzuspielen. Ein Punkt wird erzielt, wenn der König mit seinem Positionswurf vom Kasten aus in den Korb trifft. Wie beim Basketballspiel üblich, ist hierbei ein Rebound möglich. Der König wird regelmäßig durchgewechselt.

Material: Basketball, zwei Basketballkörbe, zwei Kästen, Leibchen

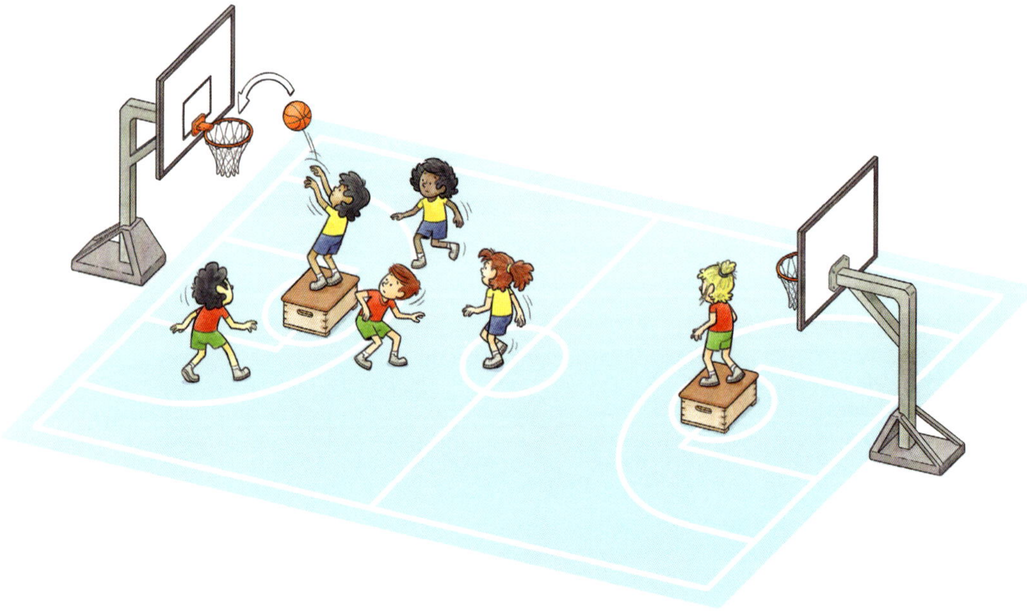

Variation

- Das Ziel des Königs kann auch sein, nur das Brett zu treffen (Vereinfachung).

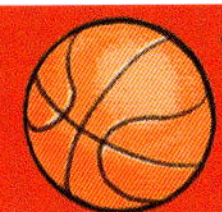

Brettball mit Korbwurf

Basketball	Zusammenspiel	Herausspielen von Zielschussaktionen	Komplexität I
Fußball			Komplexität II
Handball	Freilaufen und Anbieten	Verwerten von Zielschussaktionen	Komplexität III

Es werden zwei Teams gebildet, die Basketball gegeneinander spielen. Punkte können entweder durch einen erfolgreichen Korbwurf oder durch einen Wurf an das Brett erzielt werden. Jedes Team verteidigt seinen eigenen Korb und greift den Korb der gegnerischen Mannschaft an. Ein erfolgreicher direkter Korbtreffer wird mit 2 Punkten und ein Wurf an das Brett mit 1 Punkt gewertet.

Material: Basketball, zwei Basketballkörbe, Leibchen

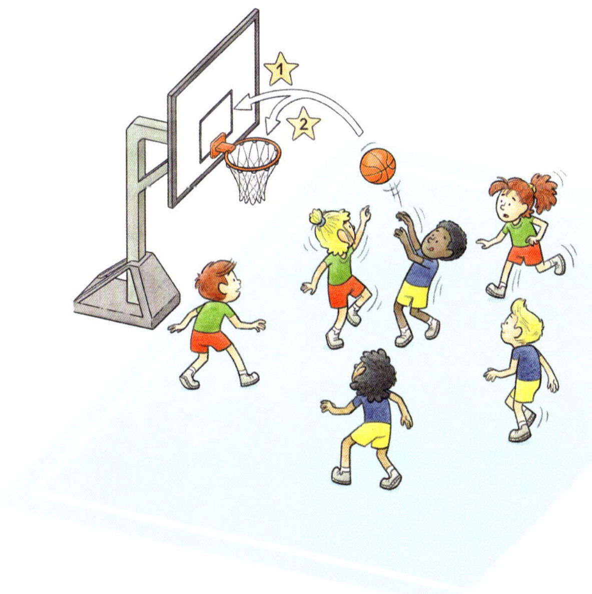

Variation

- Passwege vorgeben (z.B. nur direkte Pässe / nur Bodenpässe / Überkopfpässe).
- Basketballregeln variieren (z.B. ohne Dribbeln spielen, Schrittregeln vereinfachen).

Give and go

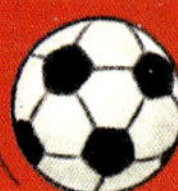

Basketball	Zusammenspiel	Herausspielen von Zielschussaktionen	Komplexität I
Fußball	Freilaufen und Anbieten	Verwerten von Zielschussaktionen	Komplexität II
Handball			Komplexität III

Die Spieler teilen sich auf einem Feld mit gegenüberliegenden Toren gleichmäßig rechts neben beide Torpfosten auf. Jede Gruppe hat einen Fußball und einen Mitspieler als neutrale Anspielposition, der sich mittig im Spielfeld befindet. Beide Gruppen beginnen gleichzeitig, indem jeweils die ersten Spieler einen Pass auf die neutrale Anspielposition spielen und mit einem Sprint auf das gegenüberliegende Tor starten. Im letzten Drittel bekommen sie den Pass zurück in den Lauf gespielt und beenden ihren Angriff mit einem Torabschluss. Anschließend stellen sie sich auf der neuen Torseite erneut an. Die Spieler auf der Anspielposition wechseln nach einer vereinbarten Zeit. Als Wettspiel können die erfolgreichen Torabschlüsse gezählt werden.

Material: zwei Fußbälle, zwei Fußballtore

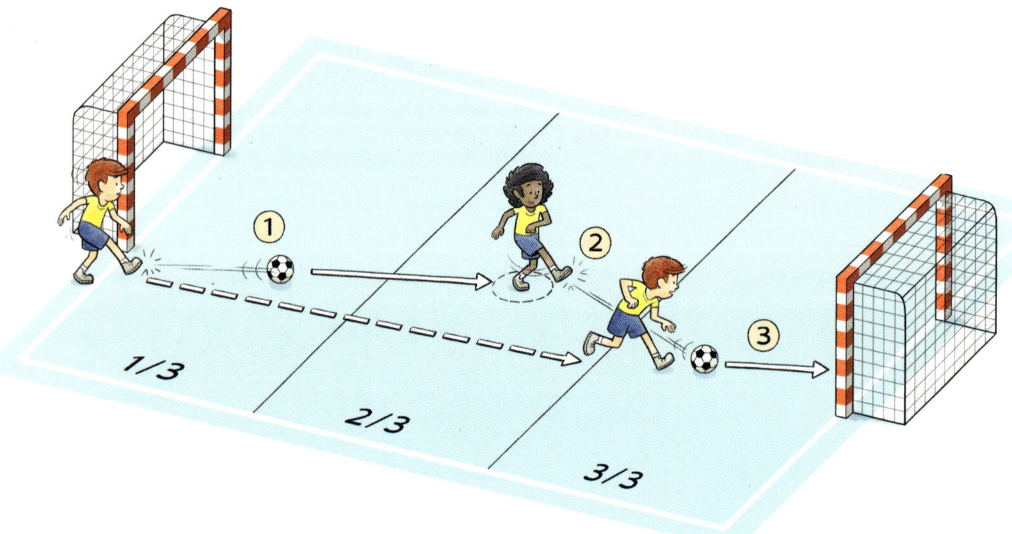

Variation

- Das Passspiel kann auch mit einem Handball (Torwurf) oder Basketball (Korbwurf) ausgeführt werden.
- Bei den Varianten Fußball und Handball können zusätzlich Torhüter zum Einsatz kommen, beim Basketball ein Abwehrspieler.

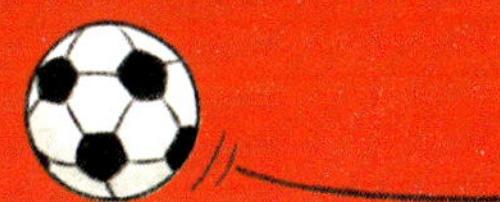

Sprintball

Basketball
Fußball
Handball

Zusammenspiel	Herausspielen von Zielschussaktionen
Freilaufen und Anbieten	Verwerten von Zielschussaktionen

Komplexität I
Komplexität II
Komplexität III

Jeweils zwei Spieler positionieren sich nebeneinander beispielsweise 20 m vor dem Tor. Der Spielleiter oder ein dritter Spieler steht dahinter und rollt einen Fußball zwischen den beiden Spielern hindurch. Beide starten, versuchen das Sprintduell zu gewinnen und zum Torabschluss zu kommen.

Material: Fußball, Fußballtor

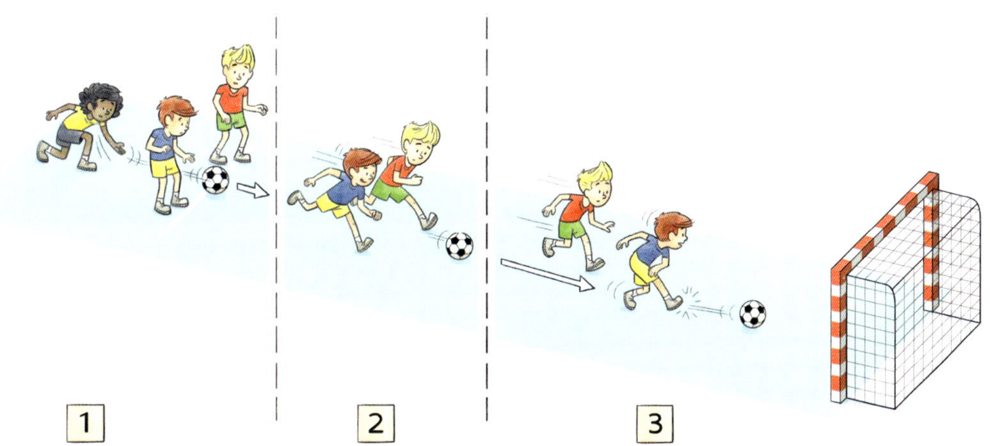

Variation

- Der Ball kann auch über die Spieler geworfen werden.
- Nach dem gewonnen Sprintduell nehmen die beiden Spieler Angriffs- und Abwehrpositionen ein.
- Das Spiel kann auch als Handball- (Torwurf) oder Basketballspiel (Korbwurf) ausgeführt werden.
- Bei den Varianten Fußball und Handball können zusätzlich Torhüter zum Einsatz kommen (mit Schuss- / Wurfkreis).

Pärchen-Fußball

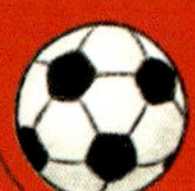

Basketball	Zusammenspiel	Herausspielen von Zielschussaktionen	Komplexität I
Fußball	Freilaufen und Anbieten	Verwerten von Zielschussaktionen	Komplexität II
Handball			Komplexität III

Zwei Teams spielen gegeneinander Fußball auf Hütchen-Tore oder aufgestellte Matten. Dabei bilden immer zwei Spieler eine Einheit, indem sie an jeweils einem Bein mit einem Gummiband aneinandergebunden werden.

Material: Fußball, Gummiband, Hütchen oder Matten, Leibchen

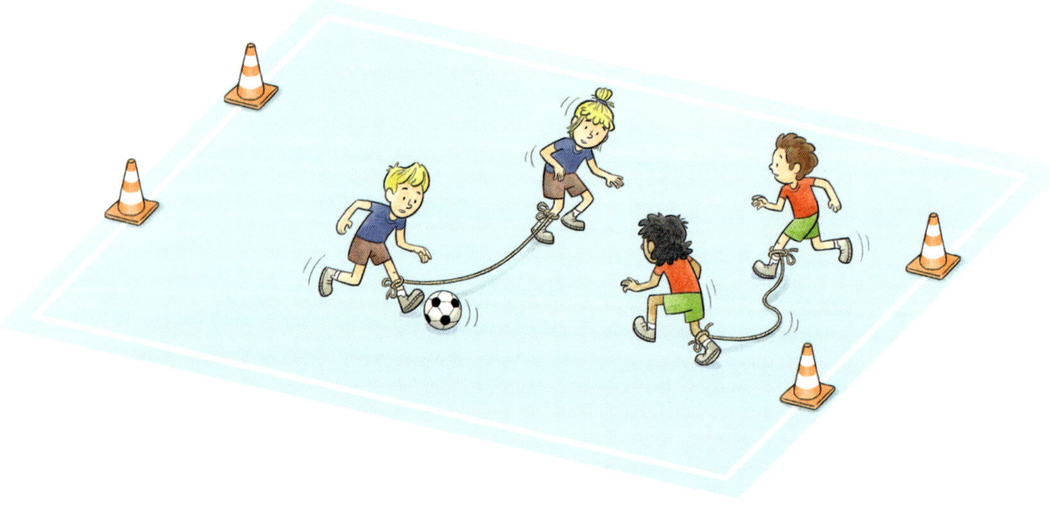

Variation

- Das Spiel ist als „Pärchen-Handball" auf das Sportspiel Handball übertragbar.

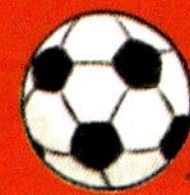

Schlappenhockey

Basketball	Zusammenspiel	Herausspielen von Zielschussaktionen	Komplexität I
Fußball	Freilaufen und Anbieten	Verwerten von Zielschussaktionen	Komplexität II
Handball			Komplexität III

Es werden zwei Mannschaften gebildet, denen jeweils ein Tor zugeordnet wird. Diese befinden sich jeweils in den gegenüberliegenden Ecken des quadratischen Spielfeldes und sind mit Hütchen gekennzeichnet. Die Spieler nutzen einen ihrer Schuhe als Schläger und versuchen damit, einen Ball in eines der gegnerischen Tore zu befördern. Es gewinnt das Team, das in einer vorgegebenen Spielzeit die meisten Tore erzielt.

Material: Fußball, Hütchen oder Matten, Leibchen

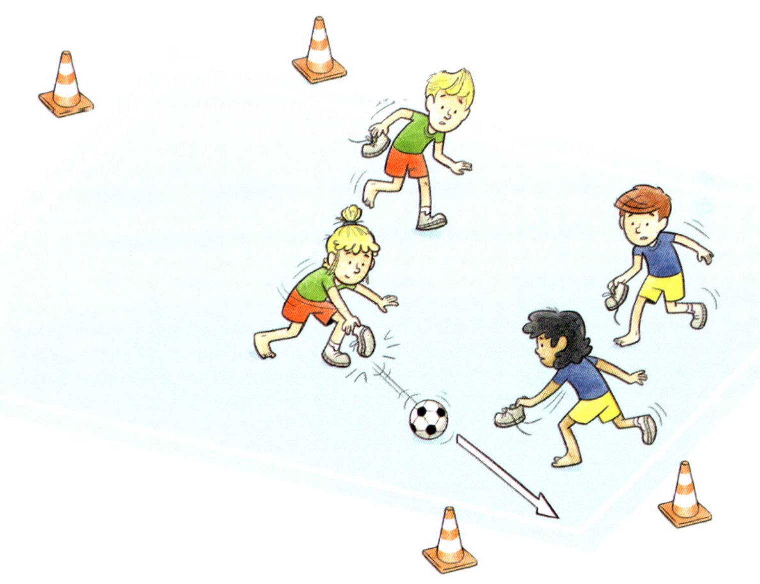

Variation

- Das Spiel kann auch mit vier Teams gespielt werden (Komplexität III).

Linienfußball

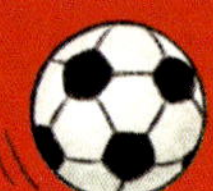

Basketball	Zusammenspiel	Herausspielen von Zielschussaktionen	Komplexität I
Fußball			Komplexität II
Handball	Freilaufen und Anbieten	Verwerten von Zielschussaktionen	Komplexität III

Es treten zwei Mannschaften in einem abgesteckten Spielfeld gegeneinander an. Die beiden Grundlinien bilden dabei die „Tore“ der Mannschaften. Das Ziel des Spiels ist es, dass beide Mannschaften gegeneinander Fußball spielen und mit dem Überqueren der Grundlinie jeweils Tore erzielen. Der Ball muss dabei hinter der Grundlinie angenommen werden. Die Mannschaft, die in einer vorgegebenen Spielzeit die meisten „Tore“ erzielt, gewinnt.

Material: Fußball, Hütchen, Leibchen

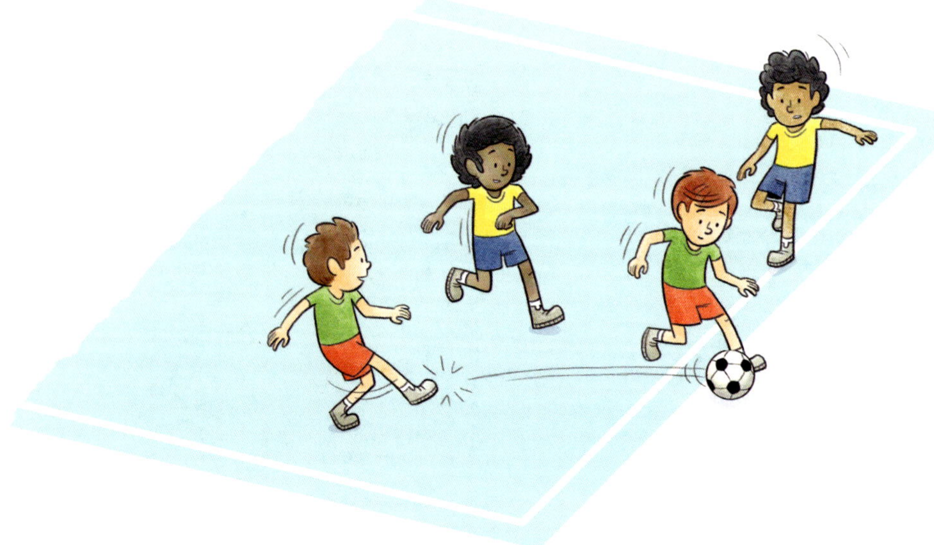

Variation

- Vor dem Überqueren der Grundlinie muss innerhalb der Mannschaft eine bestimmte Anzahl an Pässen gespielt werden.
- Der Ball muss über die Grundlinie gedribbelt werden.
- Das Spiel kann auch als „Linienhandball“ mit der Hand gespielt werden.

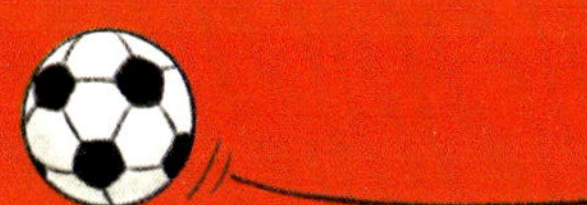

2-Farben-Spiel

Basketball	Zusammenspiel	Herausspielen von Zielschussaktionen	Komplexität I
Fußball			Komplexität II
Handball	Freilaufen und Anbieten	Verwerten von Zielschussaktionen	Komplexität III

Es spielen zwei Mannschaften auf einem abgesteckten Spielfeld gegeneinander. Die Hälfte der Mannschaft A trägt rote, die andere Hälfte grüne Leibchen. Die Spieler der Mannschaft B tragen hälftig blaue und gelbe Leibchen. Der Fußball muss innerhalb der eigenen Mannschaft immer im Wechsel zwischen den beiden Farben gespielt. Für einen Torerfolg muss der Ball über die Grundlinie gedribbelt oder zu einem Mitspieler gepasst werden.

Material: Fußball, Leibchen

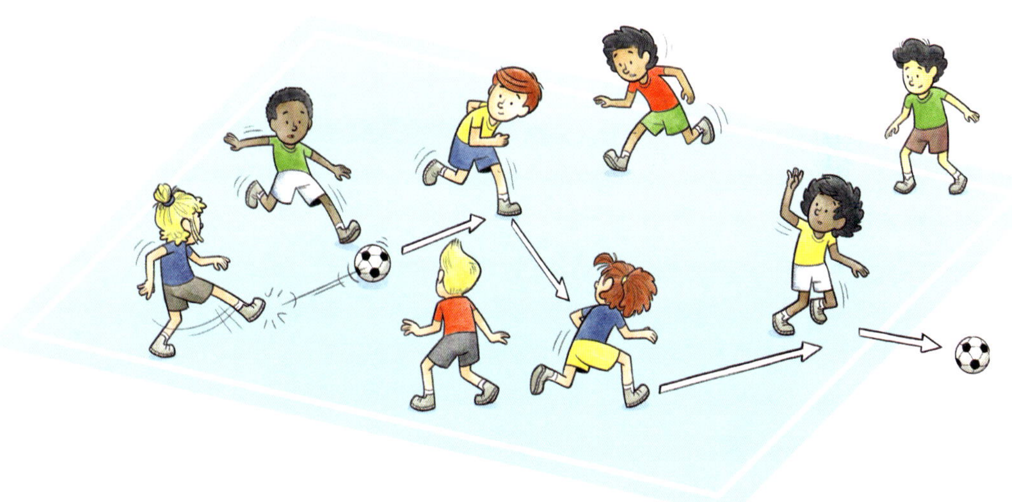

Variation

- Das „2-Farben-Spiel" kann ebenso als Basketball- und Handballspiel ausgeführt werden.
- Bei den Sportspielen können spezifische Regeln berücksichtigt werden (u.a. Schrittregeln).
- Es kann auch auf Tore (mit Torhütern) und Körbe gespielt werden.

Zonenball

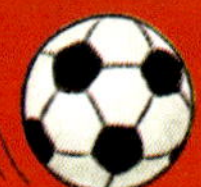

Basketball	Zusammenspiel	Herausspielen von Zielschussaktionen	Komplexität I
Fußball			Komplexität II
Handball	Freilaufen und Anbieten	Verwerten von Zielschussaktionen	Komplexität III

Zwei Mannschaften spielen gegeneinander in einem markierten Spielfeld Fußball. Hinter beiden Grundlinien wird noch eine zusätzliche Zone abgesteckt. In dieser Zone befinden sich ein oder zwei Spieler des gegnerischen Teams (nach einer bestimmten Zeit können diese ausgewechselt werden). Ziel der Mannschaften ist es, einen Pass so in die eigene Zone zu spielen, dass er von den Mitspielern angenommen werden kann. Um einen Pass in die Endzone spielen zu können, muss der Ball mindestens bereits über die Mittellinie gespielt worden sein. Für jeden in der Zone angenommenen Ball erhält die Mannschaft einen Punkt.

Material: Fußball, Hütchen, Leibchen

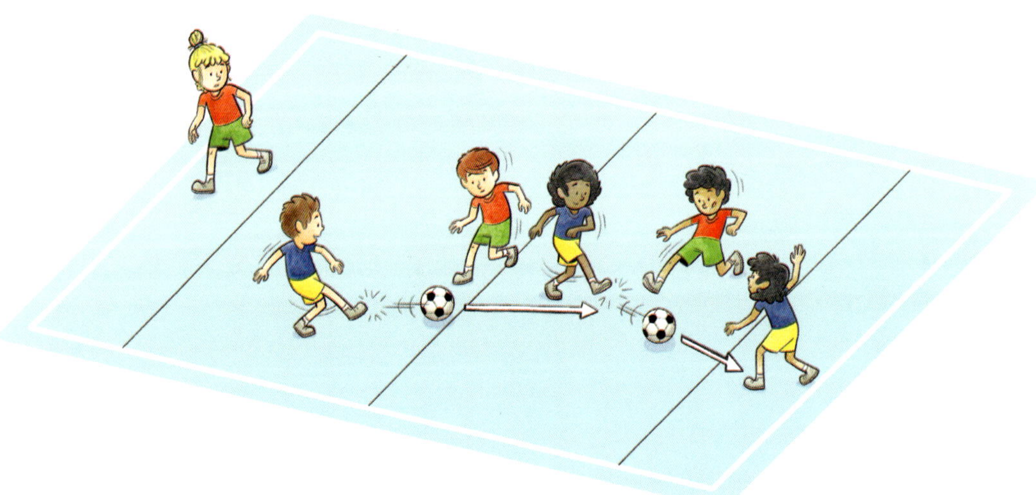

Variation

- Durch eine Veränderung der Spieleranzahl sowie der Größe des Spielfeldes und der Zone kann das Spiel variiert werden.
- Vor dem Pass in die Endzone muss innerhalb der Mannschaft eine bestimmte Anzahl an Pässen gespielt werden.
- Das Spiel ist auch auf Handball übertragbar (nur direkte / indirekte Pässe in die Zone).

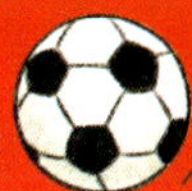

Bewegliche Tore

Basketball	Zusammenspiel	Herausspielen von Zielschussaktionen	Komplexität I
Fußball			Komplexität II
Handball	Freilaufen und Anbieten	Verwerten von Zielschussaktionen	Komplexität III

Zwei Mannschaften spielen gegeneinander Fußball. Auf den beiden Grundlinien des Spielfeldes bilden jeweils zwei Mitspieler ein bewegliches Tor, indem sie mittels eines Stabes das Tor nach oben abgrenzen und ihre Körper als Seitenpfosten nutzen. Das „Tor" kann sich auf der gesamten Grundlinie hin und her bewegen und somit den möglichen Torerfolg erschweren.

Material: Fußball, Holz- oder Plastikstäbe, Leibchen

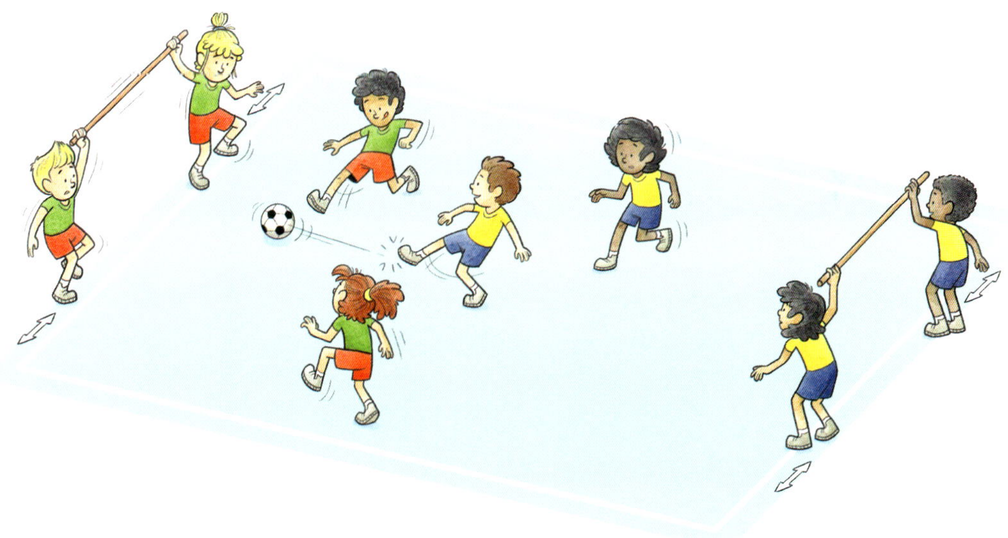

Variation

- Die „Tore" werden jeweils auf der gegenüberliegenden Grundlinie platziert und bewegen sich zu Gunsten der ballführenden Mannschaft (Torschüsse einfangen).
- Das Spiel ist auf Basketball übertragbar: Mit Hilfe von Gymnastikreifen können jeweils zwei Spieler bewegliche Körbe bilden.

Hütchenfußball

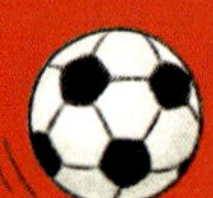

Basketball
Fußball
Handball

Zusammenspiel	Herausspielen von Zielschussaktionen
Freilaufen und Anbieten	Verwerten von Zielschussaktionen

Komplexität I
Komplexität II
Komplexität III

Zwei Mannschaften stellen sich jeweils gleich viele Hütchen auf die Grundlinie ihres Spielfeldes. Ziel des Spiels ist es, die Hütchen des gegnerischen Teams umzuschießen und gleichzeitig die eigenen Hütchen erfolgreich zu verteidigen. Gespielt wird nach Fußballregeln. Der letzte Spieler vor den eigenen Hütchen darf den Ball auch mit der Hand abwehren. Die jeweils getroffenen Hütchen werden aus dem Spiel genommen. Die Mannschaft, die zuerst alle Hütchen des Gegners getroffen hat, gewinnt das Spiel.

Material: Fußball, Leibchen, Hütchen

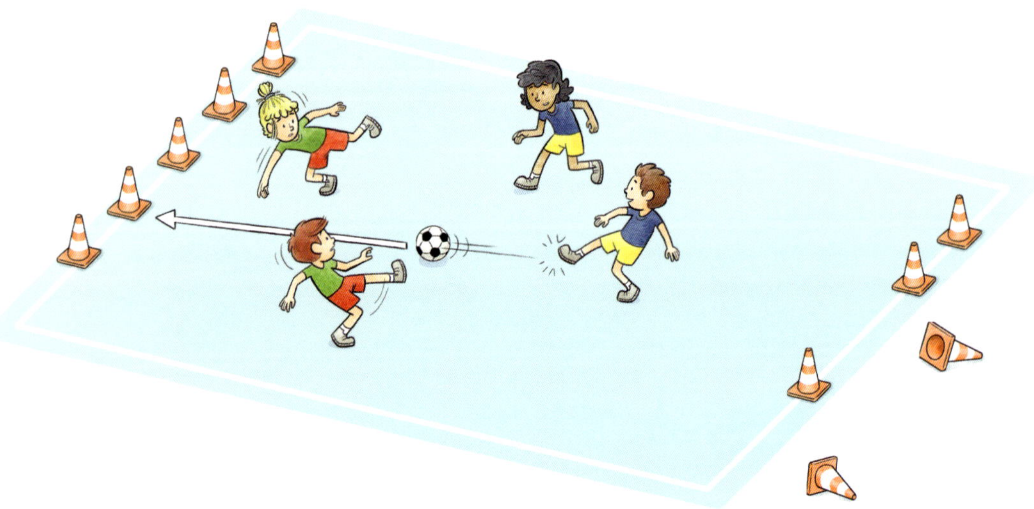

Variation

- Das Spiel kann mit einem Handball auch als „Hütchenhandball" gespielt werden. Hierzu können die Hütchen auch auf einer Bank und einem Kasten platziert werden.
- Die eigenen, getroffenen Hütchen können durch Zusatzaufgaben (z.B. Koordinationsaufgaben siehe. S. 41-43) wieder ins Spiel gebracht werden.

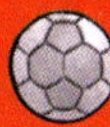

4-Tore-Ball

Basketball	Zusammenspiel	Herausspielen von Zielschussaktionen	Komplexität I
Fußball			Komplexität II
Handball	Freilaufen und Anbieten	Verwerten von Zielschussaktionen	Komplexität III

Auf einem markierten Spielfeld werden willkürlich vier Hütchentore aufgestellt. Es spielen zwei Mannschaften gegeneinander. Punkte können die Mannschaften erzielen, indem sie einen Bodenpass durch ein Hütchentor spielen, welcher hinter dem Tor von einem Mitspieler angenommen wird. Die Punkte zählen nur, wenn der Handball während des Bodenpasses von keinem der Gegenspieler berührt wurde. Die Spieler müssen sich also möglichst vor und hinter den Toren positionieren, damit sie angespielt werden können. Zur Fortbewegung muss der Ball geprellt/gedribbelt werden.

Material: Handball, Hütchen, Leibchen

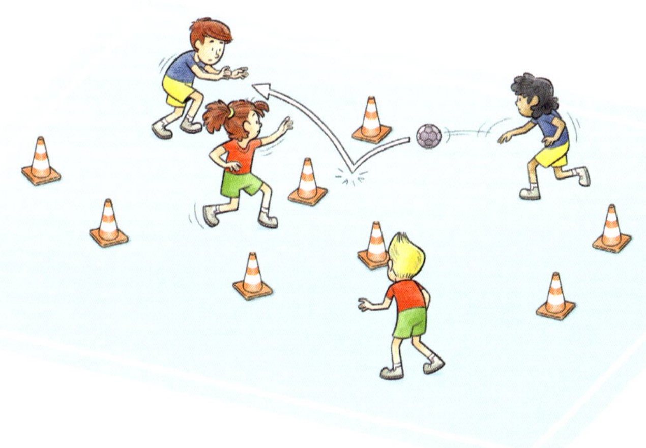

Variation

- Die Anzahl der Spieler sowie die Anzahl und Größe der Tore kann nach Bedarf variiert werden.
- Das Spiel kann auch mit einem Basketball oder Fußball ausgeführt werden.
- Die Ballführung (Prellen, Dribbeln) und das Zusammenspiel (direkte, indirekte Pässe) können festgelegt werden.

Mattenball

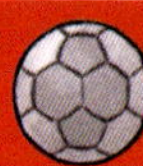

Basketball	Zusammenspiel	Herausspielen von Zielschussaktionen	Komplexität I
Fußball			Komplexität II
Handball	Freilaufen und Anbieten	Verwerten von Zielschussaktionen	Komplexität III

Es werden zwei Mannschaften gebildet und jede Mannschaft bekommt eine Weichbodenmatte als Tor. Die Matten werden an den gegenüberliegenden Grundlinien als „Tore“ auf dem Boden abgelegt. Durch geschicktes Zusammenspiel versucht die angreifende Mannschaft, den Handball zum Punktgewinn auf der gegnerischen Matte abzulegen.

Material: Handball, zwei Weichbodenmatten, Leibchen

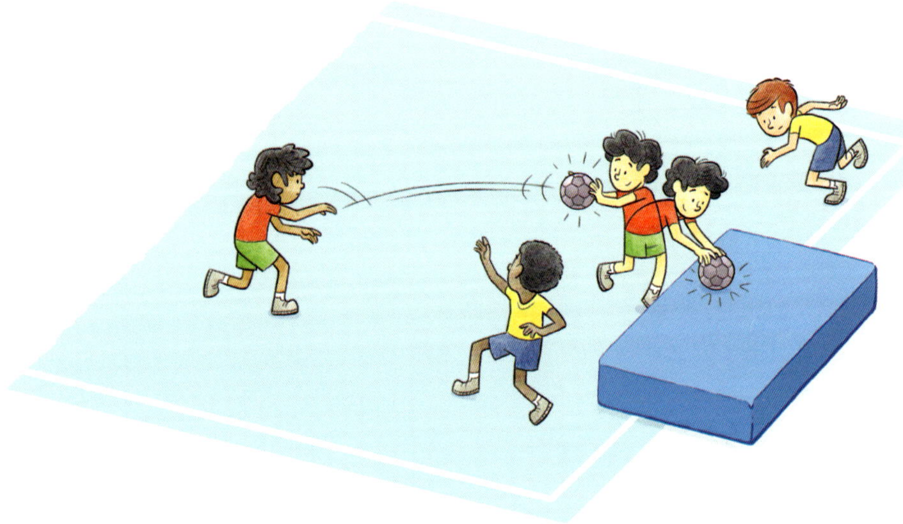

Variation

- Das Spiel kann auch mit einem Basketball ausgeführt werden.
- Die Ballführung kann den Basketball- und Handballregeln angepasst werden.
- Die Matten werden weiter im Spielfeld platziert und können somit auch umlaufen werden.

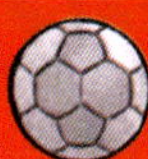

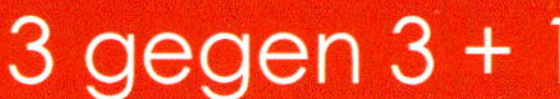

3 gegen 3 + 1

Basketball	Zusammenspiel	Herausspielen von Zielschussaktionen	Komplexität I
Fußball			Komplexität II
Handball	Freilaufen und Anbieten	Verwerten von Zielschussaktionen	Komplexität III

Es spielen jeweils zwei Teams mit drei Feldspielern und einem Torwart gegeneinander Handball. Im Angriff spielt der Torwart in seinem Team jeweils als Feldspieler mit, damit eine Überzahlsituation von 4 gegen 3 entsteht. Spielt sein Team in der Verteidigung, bleibt der Torwart in seinem Tor. Tempogegenstöße und weite Pässe sind nicht erlaubt. Die Größe des Spielfeldes wird durch Hütchen markiert.

Material: Handball, zwei Handballtore, Leibchen, Hütchen

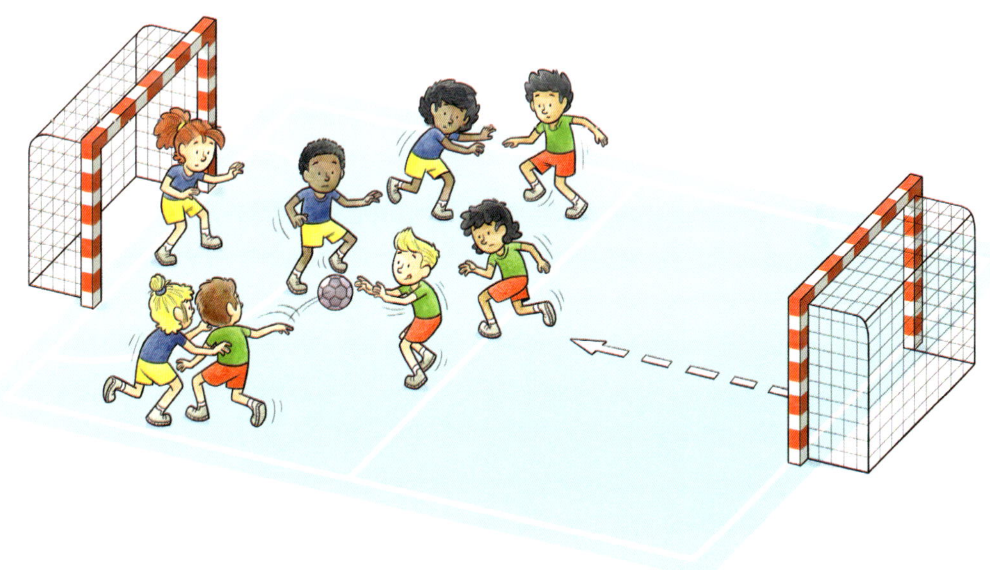

Variation

- Das Überzahlspiel kann auch als Fußballspiel ausgeführt werden.
- Die Überzahlsituation kann durch eine Veränderung der Spielerzahl variiert werden (zum Beispiel 2 gegen 3 oder 4 gegen 5).

Handball-Kopfball

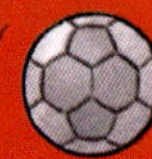

Basketball
Fußball
Handball

Zusammenspiel	Herausspielen von Zielschussaktionen
Freilaufen und Anbieten	Verwerten von Zielschussaktionen

Komplexität
Komplexität I
Komplexität II
Komplexität III

Zwei Mannschaften spielen in einem markierten Feld mit einem Handball gegeneinander auf zwei Tore. Mit dem Ball in der Hand sind nur drei Schritte erlaubt, dann muss der Ball geprellt werden (Schrittregel Handballspiel). Jede Mannschaft verteidigt ein Tor. Um ein Tor zu erzielen, muss der Ball nach einem genauen Pass in das Tor geköpft werden.

Material: Handball, zwei Handballtore, Leibchen

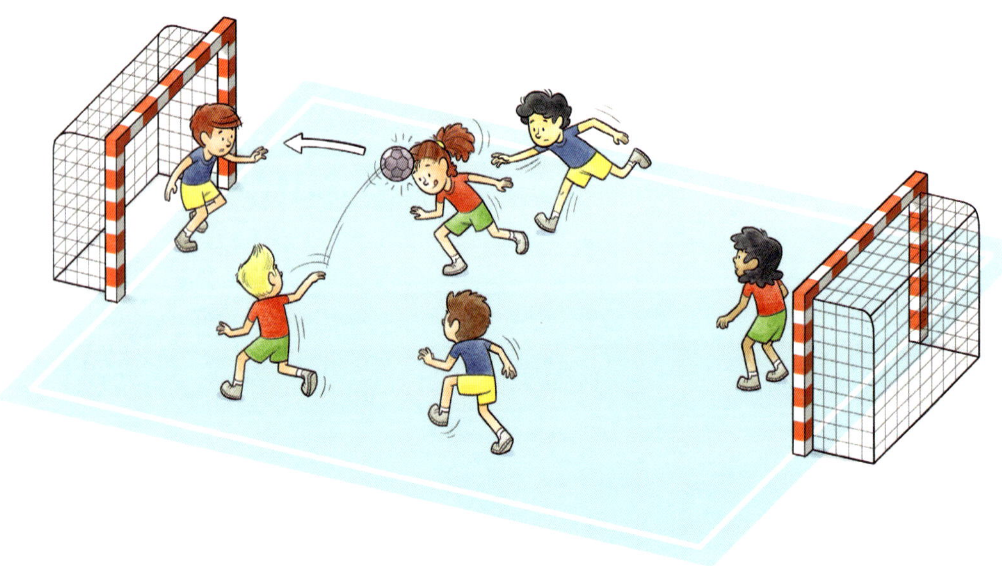

Variation

- Als Ziele können auch Wände, Matten, Reifen oder Linien gewählt werden.

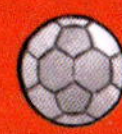

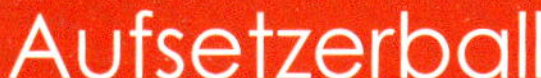

Aufsetzerball

Basketball
Fußball
Handball

Zusammenspiel	Herausspielen von Zielschussaktionen
Freilaufen und Anbieten	Verwerten von Zielschussaktionen

Komplexität I
Komplexität II
Komplexität III

Es werden zwei Mannschaften gebildet. Jede Mannschaft verfügt über ein mit Hütchen abgegrenztes Tor mit zwei Torhütern. Das Tor erstreckt sich über die gesamte Grundlinie der jeweiligen Spielhälfte. Die beiden Mannschaften dürfen den Handball nur durch Pässe weitergeben (ohne Prellen). Ein Tor wird erzielt, wenn der Ball mit Aufsetzer die Torlinie überquert.

Material: Handball, Hütchen, Leibchen

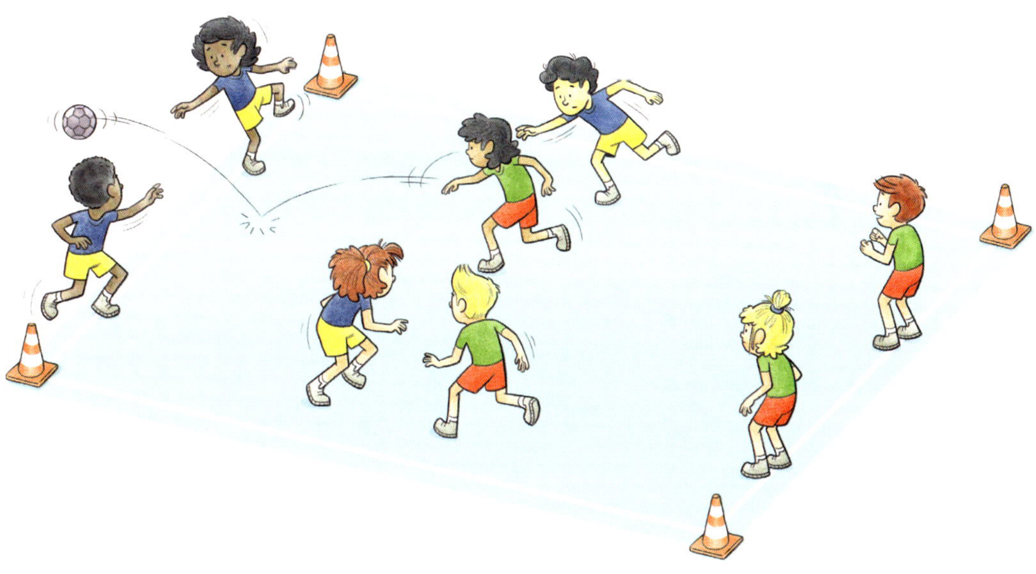

Variation

- Die Anzahl der Feldspieler und Torhüter kann variiert werden.
- Das Spiel kann auch mit einem Basketball ausgeführt werden.

4 gegen 3

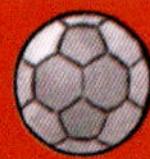

Basketball	Zusammenspiel	Herausspielen von Zielschussaktionen	Komplexität I
Fußball			Komplexität II
Handball	Freilaufen und Anbieten	Verwerten von Zielschussaktionen	Komplexität III

Es werden Kleingruppen gebildet. Die Teams spielen in einem markierten Feld gegeneinander (4 gegen 3). Der Ball muss mindestens 30 Sekunden lang innerhalb der Mannschaft zugepasst und zum Abschluss in ein Kastenoberteil gelegt werden. Danach wechselt der Ballbesitz. Ein ausgewählter Spieler fungiert als neutrale Anspielposition und wechselt bei Ballverlust immer zur ballbesitzenden Mannschaft (Überzahlspiel). Wer nach der vereinbarten Spieldauer die meisten Bälle in dem Kasten abgelegt hat, gewinnt das Spiel. Das Stoppen der Zeit und Zählen der Punkte wird von einer außenstehenden Mannschaft geleistet,die dann gegen die Gewinner des Duells antreten darf. Je nach Anzahl der Kleingruppen, kann das Spiel auf zwei oder mehr Spielfelder ausgeführt werden.

Material: Handbälle, Hütchen, Kastenoberteil, Stoppuhr, Leibchen

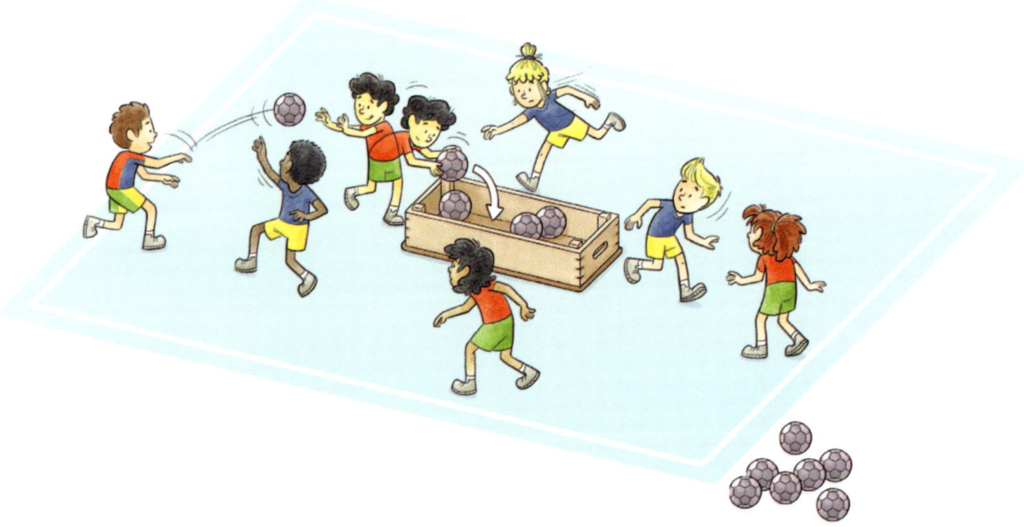

Variation

- Die Spielzeit und Feldgröße können variiert werden.
- Für jede Mannschaft kann ein eigener Kasten als Ziel vorgesehen werden.
- Das Spiel kann als Handball- und Basketballspiel mit entsprechenden Regeln der Ballführung (Prellen, Passen) ausgeführt werden.

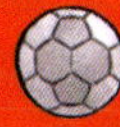

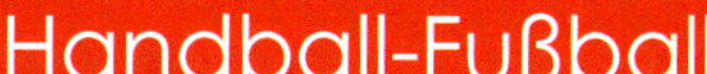

Handball-Fußball

Basketball	Zusammenspiel	Herausspielen von Zielschussaktionen	Komplexität I
Fußball			Komplexität II
Handball	Freilaufen und Anbieten	Verwerten von Zielschussaktionen	Komplexität III

Es werden zwei Mannschaften gebildet, die auf einem in zwei Hälften unterteilten Spielfeld gegeneinander auf zwei Tore spielen. In der einen Spielhälfte wird nur Handball gespielt und in der anderen nur Fußball. Sobald die Spieler die Mittellinie überschreiten, müssen sie zur jeweiligen Spielform wechseln. Zur Hälfte der vereinbarten Spielzeit werden die Seiten gewechselt. Die Mannschaft, die mit Hand und Fuß die meisten Tore erzielt, gewinnt das Spiel.

Material: Ball, zwei Tore, Leibchen

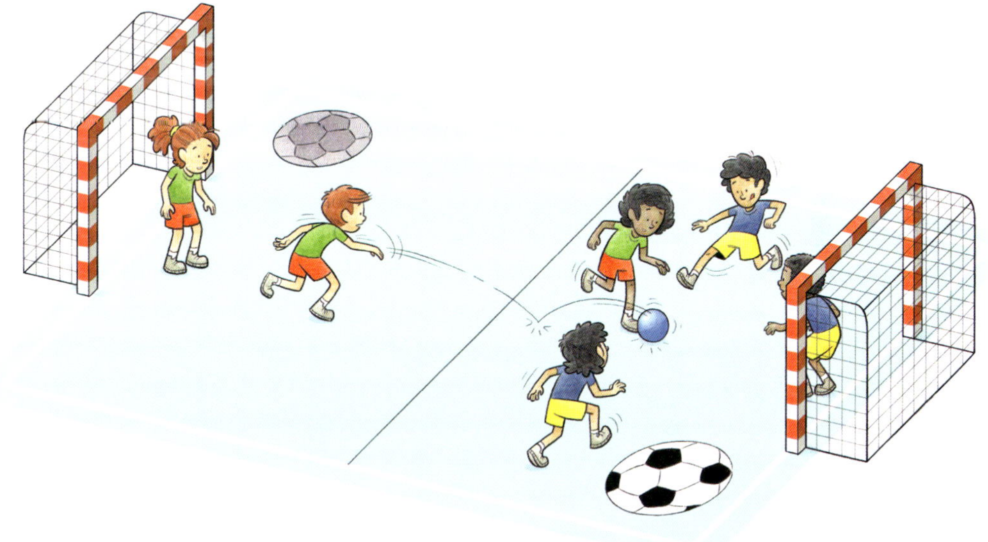

Variation

- Für das Handballspiel können die Schrittregeln gelten.
- Für das Fußballspiel können Passvarianten (z.B. nur direkte Pässe) vorgegeben werden.
- Das Spiel kann auch mit festen Torhütern gespielt werden.
- Handball und Basketball können zu „Handball-Basketball“ (auf ein Tor und einen Korb, mit geeignetem springenden Ball) kombiniert werden.

Mini-Basketball

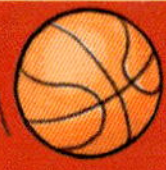

Basketball	Zusammenspiel	Herausspielen von Zielschussaktionen	Komplexität I
Fußball			Komplexität II
Handball	Freilaufen und Anbieten	Verwerten von Zielschussaktionen	Komplexität III

Es werden zwei Mannschaften mit jeweils 5 Spielern gebildet, die auf zwei Körbe gegeneinander spielen. Die absichtliche körperliche Berührung eines Gegenspielers (insbesondere Halten, Stoßen, Rempeln) ist nicht erlaubt. Der Ball (z.B. Ballgröße 5 – Jugendball) darf geworfen, geprellt und gerollt, nicht aber getreten werden. Fortbewegung mit dem Ball ist nur prellend mit einer Hand erlaubt (niemals mit beiden Händen gleichzeitig). Ein Doppel-Dribbling sollte nach Möglichkeit vermieden werden. Die Spielregeln für Mini-Basketball können vom Spielleiter (in Rücksprache mit der Gruppe) angepasst werden (z.B. im Sinne der vom DBB verabschiedeten Minibasketballregeln für die U12 und U11):

- Die Freiwurflinie wird einen Meter vorverlegt.
- Punkte-Regel für Feldkörbe: Korberfolg innerhalb der Zone zählt 2 Punkte, Korberfolg außerhalb der Zone zählt 3 Punkte.
- Die „Mann-Mann-Verteidigung“ wird vorgeschrieben, eine Zuordnung sollte stets sichtbar sein; alle Formen des Doppelns sind untersagt.
- Regelverstöße werden mit Einwurf von der Seitenlinie oder bei Korbwurfaktionen mit zwei Freiwürfen des Gegners geahndet (Regelverstöße werden besprochen).

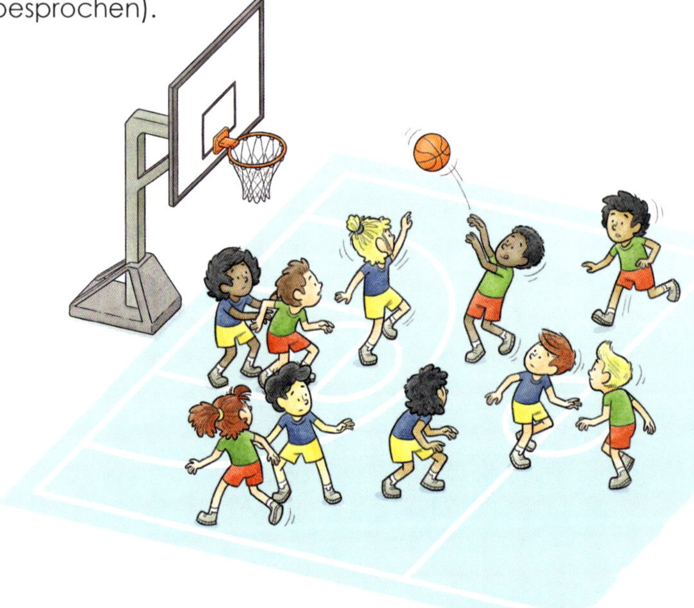

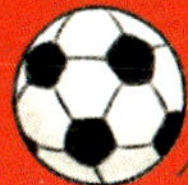

Mini-Fußball

Basketball	Zusammenspiel	Herausspielen von Zielschussaktionen	Komplexität I
Fußball	Freilaufen und Anbieten	Verwerten von Zielschussaktionen	Komplexität II
Handball			Komplexität III

Im Unterschied zum großen Sportspiel Fußball sollte Mini-Fußball auf einem verkleinerten Spielfeld, mit reduzierten Tormaßen (z.B. Jugendfußballtor 5 m x 2 m) und einem kleineren, leichteren Ball (z.B. Größe 3/4) gespielt werden. Es werden zwei Mannschaften mit jeweils bis zu 5 Feldspielern und einem Torwart gebildet, die auf zwei Tore gegeneinander spielen. Die absichtliche körperliche Berührung eines Gegenspielers (insbesondere Halten, Stoßen, Rempeln) ist nicht erlaubt. Ein absichtliches Spielen des Balles mit der Hand ist nicht erlaubt. Die Spielregeln für Mini-Fußball können vom Spielleiter (in Rücksprache mit der Gruppe) angepasst werden (z.B. im Sinne der vereinfachten Spielregeln für den Kinderfußball bis E-Junioren nach Empfehlung des DFB):

- Eckstoß wird als kurze Ecke vom Schnittpunkt der Strafraumlinien mit der Torlinie ausgeführt.
- Regelwidriges Verhalten wird durch Freistoß, erhebliche Regelverstöße im Strafraum durch Strafstoß (z.B. 8-Meter) geahndet (Regelverstöße werden besprochen).

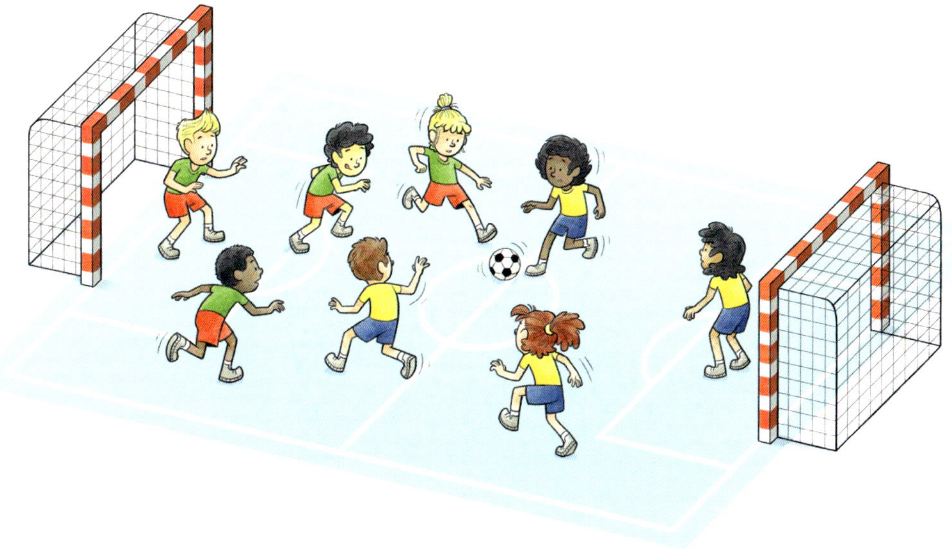

Mini-Handball

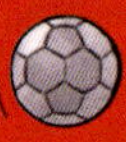

Basketball	Zusammenspiel	Herausspielen von Zielschussaktionen	Komplexität I
Fußball			Komplexität II
Handball	Freilaufen und Anbieten	Verwerten von Zielschussaktionen	Komplexität III

Gegenüber dem großen Sportspiel Handball sollte Mini-Handball auf einem verkleinerten Spielfeld, mit reduzierten Tormaßen (z.B. Torhöhe 1,60 m) und einem kleineren, leichteren Ball (Kinderhandball, Ballgröße 0) gespielt werden. Es werden zwei Mannschaften mit jeweils 4 Feldspielern und einem Torwart gebildet, die auf zwei Tore gegeneinander spielen. Die absichtliche körperliche Berührung eines Gegenspielers (insbesondere Halten, Stoßen, Rempeln) ist nicht erlaubt. Der Ball darf geworfen, geprellt und gerollt, nicht aber getreten werden. Fortbewegung mit dem Ball ist nur prellend mit einer Hand erlaubt (niemals mit beiden Händen gleichzeitig). Die Spielregeln für Mini-Handball können vom Spielleiter (in Rücksprache mit der Gruppe) angepasst werden (z.B. im Sinne der vom DHB definierten Kinder-Handballregeln für die F- bis D-Jugend):

- Die 3-Schritte-Regel mit einmaligem Ballprellen sollte großzügig ausgelegt werden, etwa durch Führen des Balles mit 4 bis 5 Schritten und mehrmaligem Prellen.
- Regelwidriges Verhalten wird durch Freiwurf, erhebliche Regelverstöße durch Strafwurf geahndet (Regelverstöße werden besprochen).

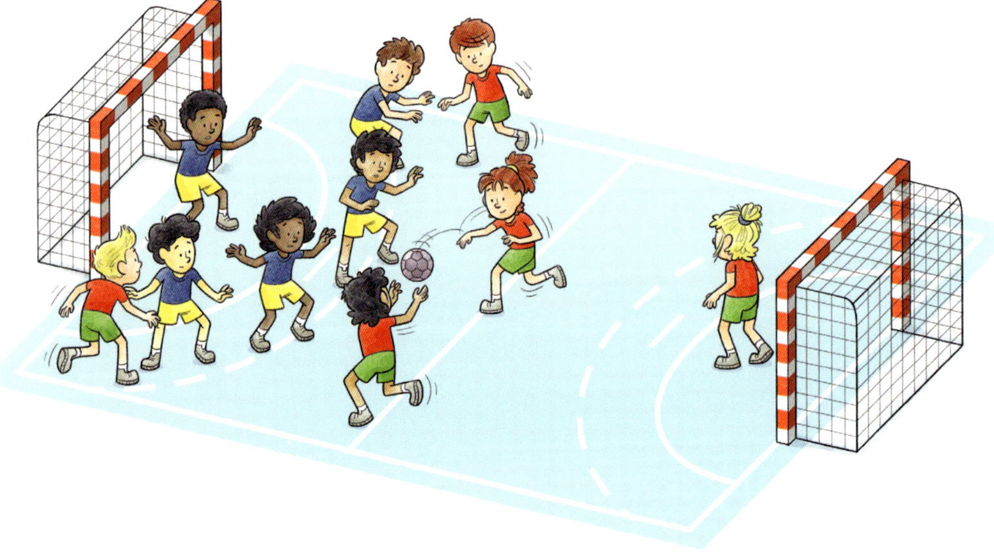

Basketball	Zusammenspiel	Herausspielen von Zielschussaktionen	Komplexität I
Fußball	Freilaufen und Anbieten	Verwerten von Zielschussaktionen	Komplexität II
Handball			Komplexität III

Durch die verkleinerte Spielfläche der Mini-Spiele ist es möglich, in einer Sporthalle zeitgleich alle drei Spiele in einem Mini-Turnier spielen zu lassen. Häufig sind die Spielflächen von drei Basketball-Feldern quer in einer Halle markiert. Diese können für Mini-Basketball unverändert und für Mini-Handball und -Fußball als Seitenauslinien genutzt werden. Die Basketballkörbe sind in diesem Fall vorhanden, als Tore können alternativ an die Wand gestellte Weichbodenmatten dienen. Die Dreipunktelinie kann beim Mini-Handball der Wurfkreis sein. Alternativ können alle notwendigen Linien auch mit Krepp-Band abgeklebt werden. Die Regeln können die der einzelnen Mini-Versionen der Spiele (S. 128, 129 und 130) sein. Werden sechs Mannschaften gebildet, so ist es möglich, durch eine Rotation nach jedem Spiel ein Mini-Turnier stattfinden zu lassen.

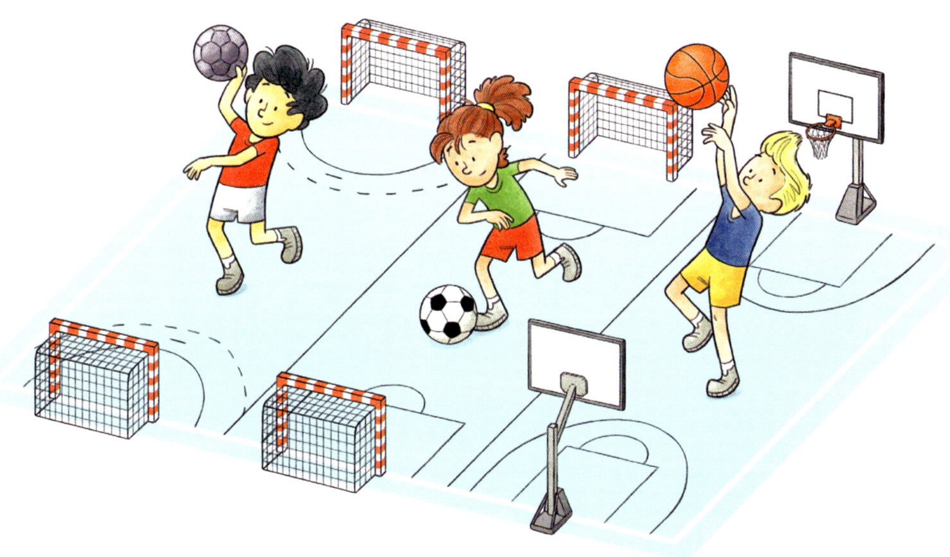

Stundenbeispiele

Einleitende Hinweise

Lernstufe und Zuordnung

In dem umfangreichen Kapitel „Spiele- und Übungssammlung“ sind zahlreiche Spiele beschrieben und den drei Lernstufen des Vermittlungsmodells zugeordnet. In diesem Kapitel werden ausgewählte, in den ballstars-Gruppen erprobte, Stundenbeispiele vorgestellt (konzipiert für 90 Minuten), um die Möglichkeiten einer thematischen Verknüpfung der Spiel- und Übungsformen zu veranschaulichen.

Die sechs Beispielstunden beziehen sich auf die zweite Lernstufe des integrativen Vermittlungsansatzes (Sportspielübergreifende Handlungsfähigkeit). Dabei werden in den ersten drei Beispielen im Schwerpunkt die beiden taktischen Handlungsziele des *Zusammenspiels* sowie des *Freilaufen* und *Anbietens* fokussiert und jeweils für den rollenden, springenden und fliegenden Ball aufgezeigt. Die Beispiele beziehen sich auf die 1. und 2. Jahrgangsstufe.

Die Beispielstunden 4 bis 6 behandeln im Schwerpunkt die Handlungsziele des *Herausspielens* sowie des *Verwertens von Zielschussaktionen*. Sie sind ebenfalls exemplarisch für den rollenden, springenden und fliegenden Ball ausgelegt und beziehen sich auf die Jahrgangsstufen 3 und 4.

Gemeinsam sind wir stark – Zusammenspielen

Stundenbeispiel 1 – Rollender Ball

Phase	Inhalt	Organisation	Material	Verweis
Einstieg	**Stoppball** (Variation Fuß)	Gruppenarbeit	Bälle	Seite 88
	Ballwechsel	Gesamtgruppe	Bälle, Hütchen	Seite 44
Hauptphase	**Drei-Felder-Fußball** (Variation Hand)	Gruppenarbeit	Bälle, Leibchen	Seite 82
	Rollball (Variation Fuß)	Gruppenarbeit	Bälle, Leibchen, Hütchen	Seite 80
Reflexion I	Thema: Passtechnik und Freilaufverhalten	Sitzkreis		
Abschluss	**Linienball**	Gruppenarbeit	Ball, Leibchen	Seite 83
Reflexion II	Thema: Sicherung Lernfortschritt und Spielregeln	Sitzkreis		

Didaktisch-methodischer Kommentar zu Stundenbeispiel 1

Das Stundenbeispiel bezieht sich auf die ersten beiden taktischen Handlungsziele (*Zusammenspiel, Freilaufen und Anbieten*) und richtet sich an Kinder der 1. und 2. Klasse. Die einfachen Übungsformen *Stoppball* und *Ballwechsel* schulen den Umgang mit dem rollenden Ball, dienen der Erwärmung und geben den Lernenden Raum, sich in einer ihrem Leistungsstand angemessenen Geschwindigkeit mit den Techniken der Ballannahme und des Dribblings auseinanderzusetzen. Gleichzeitig ist bei diesen beiden Übungsformen eine räumliche Orientierung hinsichtlich der Mitspieler essentiell, sodass die Lernenden bereits auf die taktischen Handlungsziele vorbereitet werden.

Das Spiel *Drei-Felder-Fußball* fordert präzise Pässe durch Lücken im Deckungsverbund, wobei eine räumliche Trennung dafür sorgt, dass die Lernenden ohne direkten Gegnerdruck agieren. Im Spiel *Rollball* wird diese räumliche Trennung aufgehoben und um das Ziel, den Ball mit dem Fuß an die gegnerische Wand zu spielen, ergänzt. Die Pässe erfolgen flach, um eine gewisse Präzision bei der Anwendung der entsprechenden Pass- und Schusstechniken einzufordern.

Die *erste Reflexionsphase* folgt auf die Spiele *Rollball* und *Drei-Felder- Fußball*. Dabei stehen Fragen im Mittelpunkt wie: *Wann war ein Zuspiel erfolgreich? Was war dafür notwendig?* Die Kinder sollen ein Bewusstsein dafür entwickeln, warum ein gutes Passspiel nötig ist, wie sie Spielsituationen mit Gegnerdruck erfolgreich bewältigen können und warum sich dafür ein geschicktes Freilaufverhalten als geeignete Lösungsstrategie anbietet.

Die gewonnenen Erkenntnisse werden anschließend im Spiel *Linienball* umgesetzt. Auf den bisherigen Inhalten aufbauend bildet das Spiel den Abschluss der Stunde, bei dem die Zielaktion ein geschicktes Freilaufverhalten der Mitspieler verlangt. In der *Abschlussreflexion* wird der Fokus darauf gelegt, die Lernfortschritte zu besprechen und die Bedeutung von Spielregeln im Kontext des Zusammenspiels zu reflektieren (*Welche Grenzen und Möglichkeiten bieten das Aushandeln von Spielregeln? Wie kann gewährleistet werden, dass alle Kinder am Spiel beteiligt werden?*).

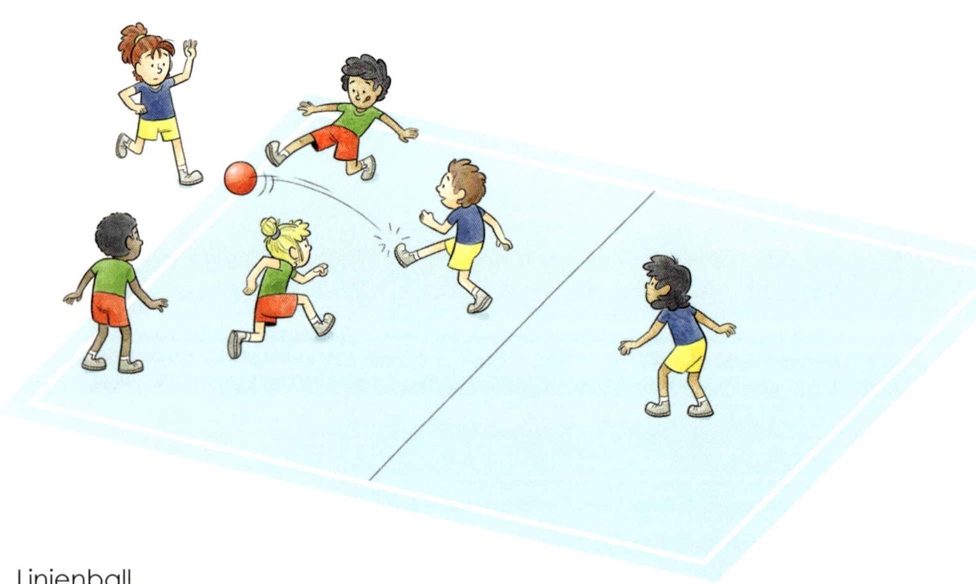

Linienball

Stundenbeispiel 2 – Fliegender Balll

Phase	Inhalt	Organisation	Material	Verweis
Einstieg	**Freilaufspiel**	Gesamtgruppe	Ball, Matten, Kästen, Hütchen, Langbänke	Seite 92
	Nummernzuspiel	Gruppenarbeit	Bälle	Seite 104
Hauptphase	**Nummernzuspiel mit Störspielern** (Variation)	Gruppenarbeit	Bälle, Leibchen	Seite 104
	Eierlegen (Variation Spiel mit einem Ball)	Gruppenarbeit	Ball, Reifen, Leibchen	Seite 102
Reflexion I	Thema: Kommunikation	Sitzkreis		
Abschluss	**Reboundball** (Variation Hand- ball)	Gesamtgruppe	Handball, Leibchen, Hütchen	Seite 109
Reflexion II	Thema: Lernfortschritt und Regelstruktur	Sitzkreis		

Didaktisch-methodischer Kommentar zu Stundenbeispiel 2

Das Stundenbeispiel betrifft die ersten beiden taktischen Handlungsziele (*Zusammenspiel, Freilaufen und Anbieten*) und bezieht sich auf Kinder der Klassen 1 und 2. Das *Freilaufspiel* und das *Nummernzuspiel* fördern zu Beginn die Kooperation im Miteinander und dienen zugleich der Erwärmung. Neben dem Erwerb von Passtechniken sollen die Lernenden ihre Mitspieler im Blick behalten und sich durch Freilaufverhalten anspielbereit zeigen.

In der anschließenden Hauptphase wird das *Nummernzuspiel* um Störspieler erweitert, um die Passtechniken unter erschwerten Druckbedingungen einzufordern. Die Anzahl der Störspieler und die Größe des Spielfeldes können in Abhängigkeit vom Leistungsniveau der Lernenden gewählt bzw. variiert werden und bieten Raum für Differenzierung. Darauf aufbauend führen die Spiele *Eierlegen* und zum Abschluss *Reboundball* zu Spielsituationen, die ihren Schwerpunkt im Zusammenspiel mit einer anschließenden Zielaktion haben. Die Zielaktionen sind so gewählt, dass sie eine Interaktion mit einem Mitspieler voraussetzen. Aktive Kommunikation und ein geschicktes Freilaufverhalten sind zielführend.

Die *erste Reflexionsphase* dient zum Ende der Hauptphase dazu, die Lernenden für eine aktive Kommunikation untereinander zu sensibilisieren und ein Verständnis dafür zu entwickeln, welche Faktoren ein erfolgreiches Passspiel bedingen *(Wie muss ich den Pass spielen? Wie müssen sich meine Mitspieler verhalten?)*

In der *Abschlussreflexion* sollen nach dem *Reboundball* die Lernfortschritte besprochen werden *(Was haben wir heute zum Passen und Zusammenspielen gelernt? Wo gibt es noch Probleme und warum?)*. Daran anknüpfend soll mit den Kindern gemeinsam reflektiert werden, wie mit der Integration neuer Regeln und Spielideen Problemen entgegengewirkt werden kann.

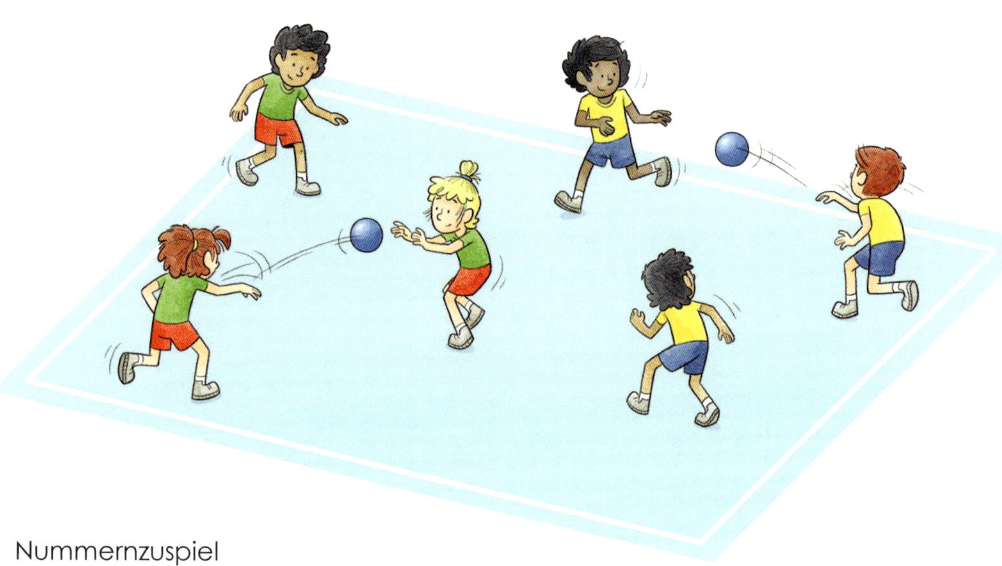

Nummernzuspiel

Stundenbeispiel 3 – Springender Ball

Phase	Inhalt	Organisation	Material	Verweis
Einstieg	Offener Einstieg mit springenden Bällen	Gruppenarbeit/ Einzelarbeit	Basketbälle, Handbälle	
	Helferball	Gesamtgruppe	Bälle, Leibchen, Hütchen	Seite 99
Hauptphase	**Escapeball**	Gesamtgruppe	Bälle, Hütchen	Seite 98
	2-Farben-Spiel (Variation Basket-ball)	Gesamtgruppe	Basketball, Leibchen	Seite 117
Reflexion I	Thema: Freilaufverhalten und aktive Bewegung zum Ball	Sitzkreis		
Abschluss	**Mehrtorball**	Gesamtgruppe	Bälle, Hütchen, Leibchen	Seite 87
Reflexion II	Thema: Spielverlagerung	Sitzkreis		

Didaktisch-methodischer Kommentar zu Stundenbeispiel 3

Das Beispiel betrifft die beiden Handlungsziele *Zusammenspiel* sowie *Freilaufen und Anbieten* für Kinder der Klassen 1 und 2. Die Stunde startet mit einem *offenen Einstieg*. Die freie Spielzeit und der Zugang zu Basket- und Handbällen sollen den Lernenden Freiraum bieten, den eigenen Umgang mit springenden Bällen zu üben, eigene Spiele zu initiieren und zu gestalten. Hierbei können sie auf bekannte Spielformen zurückgreifen, sich in Kleingruppen organisieren und selbständig Regeln vereinbaren. Die Aufwärmphase wird mit dem Spiel *Helferball* mit indirekten Pässen abgeschlossen. Der Fokus liegt hierbei auf Spielsituationen, in denen die Kinder aktiv das Zuspiel eines Mitspielers einfordern. Präzises Zusammenspiel und eine gute Kommunikation sind zielführend.

Das Spiel *Escapeball* mit indirekten Pässen erfordert neben unterschiedlichen Passtechniken eine gute Orientierung im Raum. Die Lernenden sollen ihren Mitspieler im Blick behalten und den anderen Spielerpärchen ausweichen. Die Größe des Spielfeldes kann in Abhängigkeit des Leistungsniveaus der Lerngruppe gewählt werden und bietet die Möglichkeit, durch Verkleinerung des Raumes den Präzisionsdruck der Passtechniken zu erhöhen.

Die bisher erarbeiteten technischen und taktischen Aspekte des Zusammenspiels werden im *2-Farben-Spiel* unter erhöhten Druckbedingungen eingefordert. Die Spielsituationen verlangen eine aktive Kommunikation und ein gutes Freilaufverhalten.

Die *erste Reflexionsphase* verfolgt das Ziel, gemeinsam mit den Lernenden wichtige Faktoren für ein erfolgreiches Zusammenspiel zu bestimmen. Gerade im Umgang mit dem springenden Ball sind präzise Pässe und eine gute Antizipation beim Fangen von hoher Bedeutung *(Wann waren Zuspiele erfolgreich? Wie müssen wir uns bewegen, damit wir angespielt werden können?)* Die Kinder sollen dabei ein Verständnis für ein gutes Freilaufverhalten und eine aktive Bewegung zum Ball entwickeln.

Darauf aufbauend stehen im abschließenden Spiel *Mehrtorball* das Zusammenspiel mit einer anschließenden Zielaktion (indirekter Pass) im Vordergrund. Die Lernenden dürfen sich nur prellend mit dem Ball fortbewegen. Die Zielaktionen bedingen eine erfolgreiche Interaktion mit einem Mitspieler.

Die *abschließende Reflexionsphase* greift die Aufteilung im Raum und die Spielverlagerung auf *(Was können wir tun, wenn ein Tor zugestellt wird?)*. Die Lernenden sollen dafür sensibilisiert werden, sich im Raum zu orientieren und freie Räume zu erkennen. Abschließend sollen die Lernfortschritte gesichert werden *(Was haben wir heute gelernt?)*.

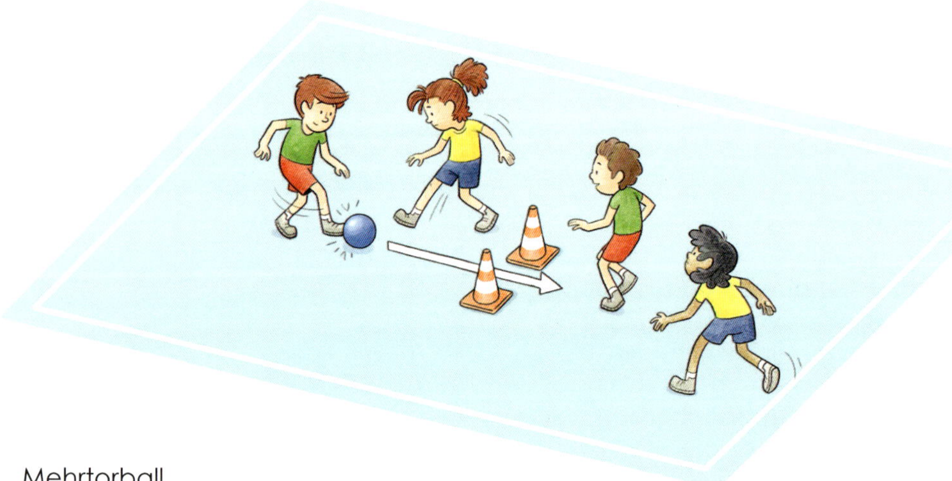

Mehrtorball

Erfolgreich im Team – Zielschussaktionen

Stundenbeispiel 4 – Rollender Ball

Phase	Inhalt	Organisation	Material	Verweis
Einstieg	**Bälle klauen**	Gesamtgruppe	Bälle, Hütchen	Seite 45
	Haltet das Feld sauber	Gesamtgruppe	Bälle, Langbänke	Seite 79
Reflexion I	Thema: Ballkontrolle und präzises Schießen	Sitzkreis		
Hauptphase	**3 gegen 3 + 1** (Variation Fußball)	Gruppenarbeit	Fußball, zwei Tore, Leibchen, Hütchen	Seite 123
	Bewegliche Tore	Gruppenarbeit	Bälle, Holz-/ Plastikstäbe, Leibchen	Seite 119
Reflexion II	Thema: Mannschafts-aufstellung und Gegner aus-spielen	Sitzkreis		
Abschluss	**Hütchenfußball**	Gesamtgruppe	Fußball, Leibchen, Hütchen	Seite 120

Didaktisch-methodischer Kommentar zu Stundenbeispiel 4

Das Stundenbeispiel bezieht sich auf das dritte und vierte taktische Handlungsziel (*Herausspielen* sowie *Verwerten von Zielschussaktionen*) und ist für Kinder der Klassen 3 und 4 ausgelegt. Den Anfang der Stunde bildet das Spiel *Bälle klauen*. Neben der Erwärmung wird die Intention verfolgt, dass die Lernenden ihre Fertigkeiten im Dribbling stärken, den Blick vom Spielgerät lösen und sich dabei im Raum orientieren. Im nachfolgenden Spiel *Haltet das Feld sauber* liegt der Schwerpunkt auf einer präzisen Ausführung von Pass- und Schusstechniken. Freie Räume im gegnerischen Feld sollen erkannt werden, um die Bälle möglichst genau dorthin zu befördern. Beide Spielformen sind so aufgebaut, dass jedes Kind die Möglichkeit besitzt, auf seinem persönlichen Leistungsniveau erfolgreich teilzunehmen.

Die anschließende *erste Reflexionsphase* dient dazu, die Bewegungsfertigkeiten Dribbling sowie Passen und Schießen zu thematisieren. Mögliche Fragestellungen sind: *Wie kann der Ball im Dribbling gut kontrolliert werden? Was gilt es beim Schuss zu beachten? Was ist nötig, um freie Räume zu erkennen?* Die Kinder sollen neben der Ausführung von Bewegungsfertigkeiten dafür sensibilisiert werden, den Blick vom Ball abzuwenden und sich im Raum zu orientieren. Die gesammelten Erkenntnisse sollen in den nachfolgenden Spielformen umgesetzt werden.

In der Hauptphase der Stunde liegt der Fokus auf dem *Herausspielen von Zielschussaktionen*. In beiden benannten Spielformen sollen die Lernenden mithilfe von Dribblings und Pässen Spielsituationen kreieren, die in eine Zielschussaktion münden. Im Spiel *3 gegen 3 + 1* sorgt die Überzahlsituation dafür, dass die Lernenden ihre Aktionen unter vereinfachten Druckbedingungen ausüben können. Darauf aufbauend erfordert das Spiel *Bewegliche Tore* durch die gleiche Anzahl an Spielern ein höheres Spieltempo und größere Genauigkeit in den Spielaktionen.

In der *zweiten Reflexionsphase* werden die beiden Spielformen aus der Hauptphase besprochen. Dabei werden die beiden taktischen Handlungsziele *Herausspielen* und *Verwerten von Zielschussaktionen* aufgegriffen und durch geeignete Fragestellungen zu erfolgreichen Zielschussaktion thematisiert: *Wie konnten Lücken in der gegnerischen Deckung herbeigeführt werden? Wie müssen wir uns als Mannschaft im Raum aufstellen?*

Die gewonnenen Erkenntnisse können dann im Abschlussspiel *Hütchenfußball* umgesetzt werden. Bei diesem Spiel steht das *Verwerten der Zielschussaktionen* im Vordergrund, wobei den Kindern mehrere Tore zur Verfügung stehen. Eine gute Orientierung und schnelle Handlungskompetenz sind hierbei zielführend.

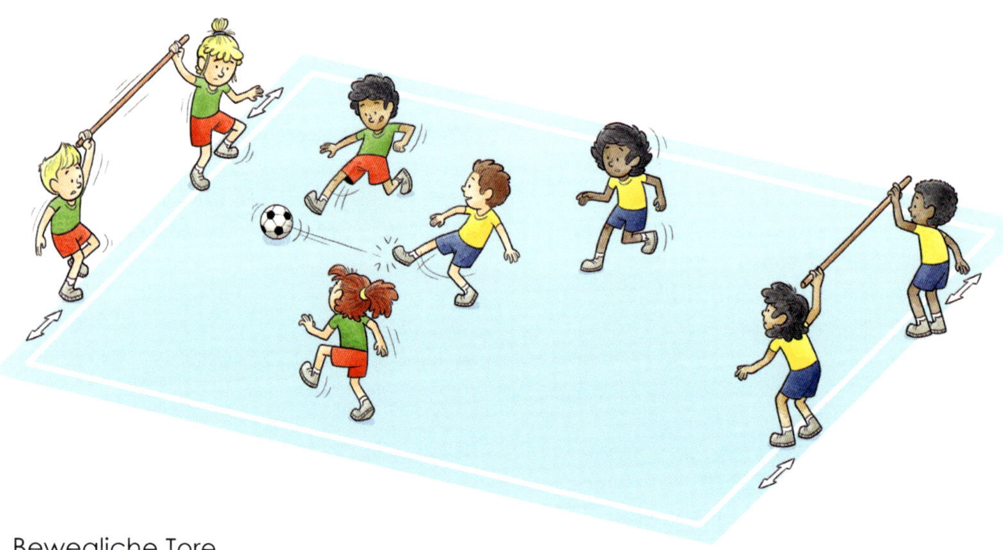

Bewegliche Tore

Stundenbeispiel 5 – Fliegender Ball

Phase	Inhalt	Organisation	Material	Verweis
Einstieg	**Koordinationsübungen mit fliegendem Ball**	Gruppenarbeit	Bälle	Seite 43
	Zombieball	Gesamtgruppe	Softball, Hütchen	Seite 73
Hauptphase	**Basketball-Biathlon** (Variation Handball)	Gesamtgruppe	zwei Handbälle, zwei Tore	Seite 101
	Linienball (Variation Hand)	Gesamtgruppe	Ball, Leibchen	Seite 83
Reflexion I	Thema: Ausspielen des Gegners und Defensivverhalten	Sitzkreis		
Abschluss	**Mattenball**	Gruppenarbeit	Handball, zwei Weichbodenmatten, Leibchen	Seite 122
Reflexion II	Thema: Lernfortschritte und Regelstruktur	Sitzkreis		

Didaktisch-methodischer Kommentar zu Stundenbeispiel 5

Das Beispiel bezieht sich auf das dritte und vierte taktische Handlungsziel (*Herausspielen* sowie *Verwerten von Zielschussaktionen*) und ist für Kinder der Klassen 3 und 4 vorgesehen. Die *Koordinationsübungen mit fliegenden Bällen* werden in Gruppenarbeit ausgeführt und erfordern zielgerichtete Pässe in der Bewegung sowie einen kontrollierten Umgang mit dem Ball. Den Schwerpunkt des anschließenden Spiels *Zombieball* bilden die aktive Bewegung zum Ball und das *Verwerten von Zielschussaktionen*. Beide Formen sind so gestaltet, dass die Lernenden zunächst unter geringen Druckbedingungen agieren können, sodass unterschiedlichen Leistungsniveaus Rechnung getragen wird.

In der Hauptphase der Stunde finden in der Spielform *Basketball-Biathlon* (Variation Handball) die Zielschussaktionen unter erhöhtem Zeitdruck statt, während das Spiel *Linienball* das *Herausspielen von Zielschussaktionen* unter Gegnerdruck einfordert.

Die *erste Reflexionsphase* dient im Anschluss dazu, bei den Lernenden ein Verständnis zur Aufteilung auf dem Spielfeld zu entwickeln und Möglichkeiten aufzudecken, den gegnerischen Deckungsverbund zu überwinden (mögliche Fragen: *Wie sollten wir uns auf dem Spielfeld positionieren? Wie können wir die gegnerische Mannschaft ausspielen? Was ist dafür nötig?)*. Gleichzeitig wird auch über das Defensivverhalten reflektiert *(Was gilt es in der Verteidigung zu beachten?)*. An dieser Stelle gibt es auch die Möglichkeit, mit den Lernenden zusammen weitere Regeln auszuhandeln.

Die bisher erprobten Techniken und taktischen Handlungsweisen sind zum Abschluss in dem Spiel *Mattenball* gefordert. Über ein gutes Zusammenspiel und gezielte Laufwege sollen die Kinder mögliche Zielschussaktionen gegen eine gegnerische Mannschaft herausspielen, die sie dann mit einer Abschlussaktion verwerten.

In der *Abschlussreflexion* sollen die Lernfortschritte besprochen werden *(Was haben wir heute zum Herausspielen und Verwerten von Zielschussaktionen gelernt? Wo gibt es noch Probleme und warum?)*. Daran anknüpfend kann mit den Lernenden exemplarisch reflektiert werden, wie mit der Integration neuer Regeln oder der Veränderung des Spiels diesen Problemen entgegengewirkt werden kann. Mögliche Ideen könnten sein, dass vor dem Torabschluss jedes Teammitglied am Ball gewesen sein muss (Thema Spielbeteiligung) oder eine mögliche Schrittbegrenzung im Dribbling eingeführt wird (Thema Ballführung, Ballbesitz).

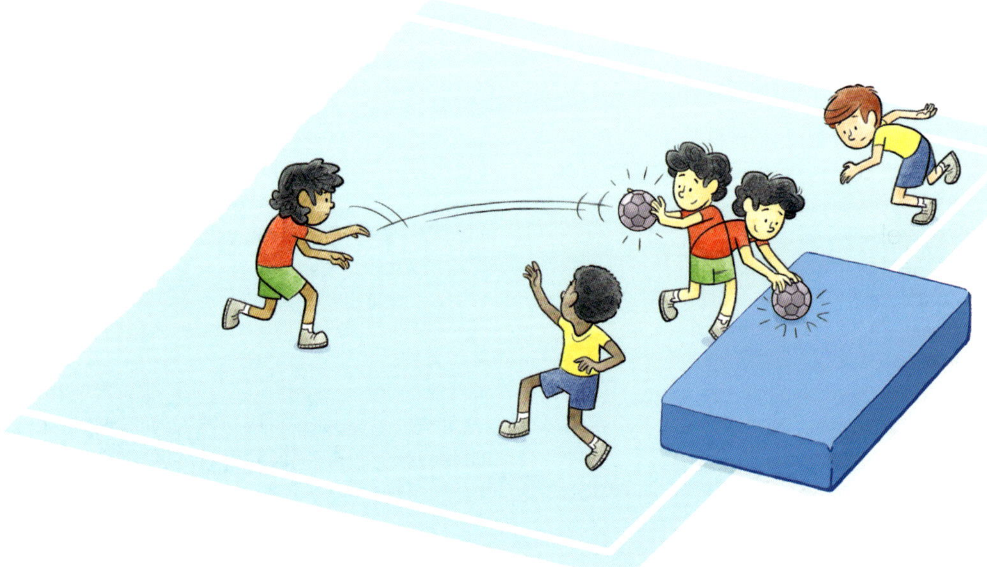

Mattenball

Stundenbeispiel 6 – Springender Ball

Phase	Inhalt	Organisation	Material	Verweis
Einstieg	**Abwurfspiel**	Gesamtgruppe	Bälle, Softbälle, Leibchen	Seite 97
	Läufer gegen Werfer (Variation Korb)	Gesamtgruppe	Bälle, Matten, Kasten, Langbank	Seite 95
Reflexion I	Thema: Korberfolg	Sitzkreis		
Hauptphase	**Wächterball**	Gruppenarbeit	Bälle, Leibchen	Seite 103
	Reboundball (Variante: Mitspieler muss fangen)	Gesamtgruppe	Basketball, Leibchen, Hütchen	Seite 109
Abschluss	**Kastenbasketball**	Gesamtgruppe	Basketball, zwei Basketballkörbe, zwei Kästen, Leibchen	Seite 110
Reflexion II	Thema: Finaler Pass	Sitzkreis		

Didaktisch-methodischer Kommentar zu Stundenbeispiel 6

Das Stundenbeispiel fokussiert das dritte und vierte taktische Handlungsziel (*Herausspielen* sowie *Verwerten von Zielschussaktionen*) und ist für die Klassen 3 und 4 vorgesehen. Das *Abwurfspiel* eröffnet die Stunde und schult unterschiedliche Aspekte im Umgang mit dem springenden Ball. Für die Fänger steht vor allem die Verwertung von Abschlussaktionen im Fokus. Die anderen Kinder erproben ihr Zusammenspiel unter erhöhten Druckbedingungen. In der Spielform *Läufer gegen Werfer* sollen die Lernenden eine Zielschussaktion in Form eines Korbwurfs unter Zeitdruck herausspielen (nur indirekte Pässe) und abschließend verwerten. Beide Spielformen sind so gestaltet, dass alle Kinder die Möglichkeit haben, die Spielsituationen unter Berücksichtigung ihres Leistungsniveaus erfolgreich zu bewältigen.

In der *ersten Reflexionsphase* sollen sich die Lernenden explizit mit der Verwertung der Zielschussaktion in Form des Korbwurfs auseinandersetzen (Beispielfragen: *Wie wird der Ball geworfen? Was ist eine optimale Position zum Korb?*). Es soll bei den Lernenden ein Bewusstsein geschaffen werden, dass Kinder unterschiedliche Voraussetzungen und Fähigkeiten mitbringen und deshalb jeder seinen eigenen, für ihn passenden Lösungsweg finden kann.

In der Hauptphase stehen mit *Wächterball* und *Reboundball* zwei Spiele im Mittelpunkt, bei denen die erprobten Techniken in Spielsituationen zum Einsatz kommen und eine hohe

Spielgeschwindigkeit sowie ein präzises Passspiel gefordert sind. Darüber hinaus sollen sich die Kinder beim *Reboundball* nach dem finalen Pass aktiv zum Ball bewegen und bei der Ballannahme gegen mögliche Gegner behaupten.

Die erarbeiteten Inhalte zum Passspiel, *Herausspielen* und *Verwerten von Zielschussaktionen* werden abschließend beim *Kastenbasketball* erprobt. Die *Abschlussreflexion* soll die Lernfortschritte sichern und Faktoren für ein erfolgreiches Herausspielen und Verwerten von Zielschussaktionen herausstellen (*Wie kommt es zu erfolgreichen Korbwürfen?*). Zudem soll die Besonderheit im Umgang mit dem springenden Ball thematisiert werden (mögliche Fragen: *Wie muss der Zielspieler angespielt werden? Warum eignet sich ein indirekter Pass besonders, um eine Deckung zu überwinden? Was gilt es bei der Ballannahme zu beachten?*).

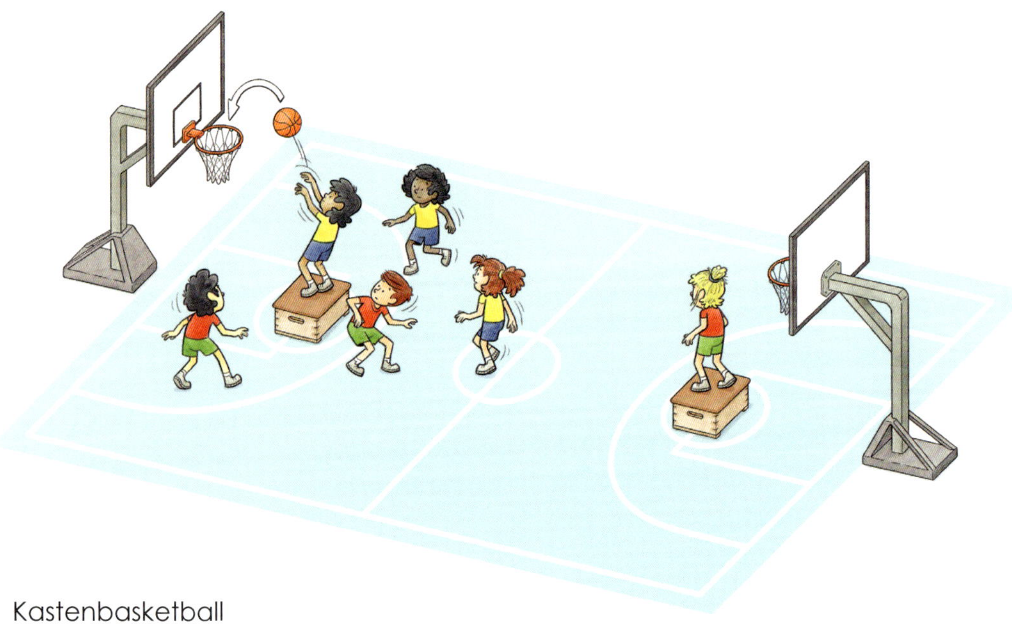

Kastenbasketball

Literatur

Adolph, H., Hönl, M. & Wolf, T. (2008). *Integrative Sportspielvermittlung* (6. Aufl.). Kassel: UB.

Albert, A. (2017). Spielen in und mit Regelstrukturen – Zielschussspiele. In V. Scheid & R. Prohl (Hrsg.), *Sportdidaktik. Grundlagen, Vermittlungsformen, Bewegungsfelder* (2., neu bearbeitete Aufl.; S. 175-188). Wiebelsheim: Limpert.

Albert, A., Julius, P. & Scheid, V. (2018). Das Kasseler Modell. Zielschussspiele integrativ vermitteln. *Grundschule Sport, 17*, 30-31.

Albert, A., Julius, P. & Scheid, V. (2020). Zielschussspiele integrativ vermitteln - Konzeption und empirische Prüfung des Kasseler Modells. In P. Neumann & E. Balz (Hrsg.), *Grundschulsport: empirische Einblicke und pädagogische Empfehlungen* (S. 224-240). Aachen: Meyer & Meyer.

Berk, L.E. (2011). *Entwicklungspsychologie* (5., aktualisierte Aufl.). München u.a.: Pearson.

Blume, D.-D. (1978). Grundsätze und methodische Maßnahmen zur Schulung der koordinativen Fähigkeiten. *Theorie und Praxis der Körperkultur, 27* (2), 141-144.

Bremer, D., Pfister, J. & Weinberg, P. (Hrsg.)(1981). *Gemeinsame Strukturen großer Sportspiele*. Wuppertal: Putty.

Brodtmann, D. & Landau, G. (1982). An Problemen lernen. *sportpädagogik, 5* (6), 16-22.

Butler, J. I. & McCahan, J. (2005). Teaching games for Understanding as a curriculum model. In L. L. Griffin, & J. I. Butler (Eds.), *Teaching games for understanding – Theory, research and practice* (pp. 33-54). Champaign, IL: Human Kinetics.

Buytendijk, F.J.J. (1970). Das Spielerische und der Spieler. In Ausschuss Deutscher Leibeserzieher (Hrsg.), *Spiel und Wetteifer* (S. 9-25). Schorndorf: Hofmann.

Dietrich, K. (1978). Fußball. In K. Dietrich, G. Dürrwächter & H.-J. Schaller (Hrsg.), *Die Großen Spiele* (2. Aufl.; S. 87-121). Wuppertal: Putty.

Dietrich, K. (1980). Spielen. *sportpädagogik, 4* (1), 13-20.

Dietrich, K. (1984). Vermitteln Spielreihen Spielfähigkeit? *sportpädagogik, 8* (1), 19-21.

Döbler, H. (1974). *Abriß einer Theorie der Sportspiele*. Leipzig: Deutsche Hochschule für Körperkultur.

Einsiedler, W. (1999). *Das Spiel der Kinder. Zur Pädagogik und Psychologie des Kinderspiels* (3., aktualisierte und erweiterte Aufl.). Bad Heilbrunn: Klinkhardt.

Grupe, O. (2000). *Vom Sinn des Sports. Kulturelle, pädagogische und ethische Aspekte* (Kapitel: Kinder im Sport. Kindliche Selbsterfahrung und Weltaneignung durch Bewegung, Spiel und Sport, S. 143-166). Schorndorf: Hofmann.

Haywood, K.M. & Getchell, N. (2014). *Life span motor development* (6. ed.). Champaign, IL: Human Kinetics.

Hessisches Kultusministerium (2011). *Bildungsstandards und Inhaltsfelder – Das neue Kerncurriculum für Hessen. Primarstufe Sport.* Wiesbaden.

Hirtz, P. (1985). *Koordinative Fähigkeiten im Schulsport.* Berlin: Sportverlag.

Hohmann, A. & Lames, M. (2005). Sportspiel aus trainingswissenschaftlicher Sicht. In A. Hohmann, M. Kolb & K. Roth (Hrsg.), *Handbuch Sportspiel* (S. 290-308). Schorndorf: Hofmann.

Hossner, E. J. & Roth, K. (2002). Sportspiele vermitteln. In K. Ferger, N. Gissel & J. Schwier (Hrsg.), *Sportspiele erleben, vermitteln, trainieren* (S. 111-124). Hamburg: Czwalina.

Julius, P., Scheid, V. & Albert, A. (2018). Die „ballstars" – Ballsportgruppen an Grundschulen. Empirische Überprüfung eines integrativen Vermittlungskonzepts. In E. Balz & D. Kuhlmann (Hrsg.), *Sportwissenschaft in pädagogischem Interesse* (S. 92-94). Hamburg: Feldhaus.

Kolb, M. (2005). Sportspiel aus sportpädagogischer Sicht. In A. Hohmann, M. Kolb & K. Roth (Hrsg.), *Handbuch Sportspiel* (S. 99-115). Schorndorf: Hofmann.

König, S. (1997). Zur Vermittlung von Spielfähigkeit in der Schule. *sportunterricht, 46* (11), 476-486.

König, S. (2003). Evaluation von Spielvermittlungskonzepten im Sportunterricht. *sportunterricht, 52* (7), 201-207.

König, S. (2013). Spiel, Spielen und Sport. In A. Güllich & M. Krüger (Hrsg.), *Sport. Das Lehrbuch für das Sportstudium* (S. 550-557). Berlin, Heidelberg: Springer.

Krappmann, L. (1983). Sozialisation durch Symbol- und Regelspiel. In O. Grupe, H. Gabler & U. Göhner (Hrsg.), *Spiel – Spiele – Spielen* (S. 106-121). Schorndorf: Hofmann.

Kröger, C. & Roth, K. (2002). *Ballschule - ein ABC für Spielanfänger* (2., unveränderte Aufl.). Schorndorf: Hofmann.

Kuhlmann, D. (1999). Zur Vermittlung von Sportspielen. In W. Günzel & R. Laging (Hrsg.), *Neues Taschenbuch des Sportunterrichts, Bd. II. Didaktische Konzepte und Unterrichtspraxis* (S. 110-128). Hohengehren: Schneider.

Kuhlmann, D. (2007). Wie führt man Spiele ein? In Bielefelder Sportpädagogen (Hrsg.), *Methoden im Sportunterricht. Ein Lehrbuch in 14 Lektionen* (5., unveränderte. Aufl.; S. 135-147). Schorndorf: Hofmann.

Medler, M. & Schuster, A. (1996). *Ballspielen – Ein integrativer Ansatz für die Grundschule, Orientierungsstufe, Sportverein*. Neumünster: Sportbuch.

Mitchell, S., Oslin, J. & Griffin, L. L. (2006). *Teaching sport concepts and skills: A tactical games approach* (2nd ed.). Champaign, IL: Human Kinetics.

Neumaier, A. & Mechling, H. (1995). Allgemeines und sportartspezifisches Koordinationstraining? Ein Strukturierungsvorschlag zur Analyse und zum Training spezieller koordinativer Leistungsvoraussetzungen. *Leistungssport, 25* (5), 14-18.

Oerter, R. (2008). Spiel und kindliche Entwicklung. In R. Oerter & L. Montada (Hrsg.), *Entwicklungspsychologie* (6., vollständig überarbeitete Aufl.; S. 236-249). Weinheim, Basel: Beltz.

Peuckert, R. (2012). *Familienformen im sozialen Wandel* (8. Aufl.). Wiesband: Springer.

Prohl, R. (2017). Der Doppelauftrag des Erziehenden Sportunterrichts. In V. Scheid & R. Prohl (Hrsg.), *Sportdidaktik. Grundlagen, Vermittlungsformen, Bewegungsfelder* (2., neu bearbeitete Aufl.; S. 64-84). Wiebelsheim: Limpert.

Prohl, R. & Scheid, V. (2017). Bewegungskultur als Bildungsmedium. In V. Scheid & R. Prohl (Hrsg.), *Sportdidaktik. Grundlagen, Vermittlungsformen, Bewegungsfelder* (2., neu bearbeitete Aufl.; S. 16-30). Wiebelsheim: Limpert.

Remmert, H. (2006). *Basketball – Lernen, Spielen und Trainieren*. Schorndorf: Hofmann.

Roth, K. & Kröger, C. (2002). *Ballschule Rückschlagspiele*. Schorndorf: Hofmann.

Roth, K. (2003). Taktik. In P. Röthig, R. Prohl, K. Carl, D. Kayser, M. Krüger & V. Scheid (Hrsg.), *Sportwissenschaftliches Lexikon* (7., völlig neu bearbeitete Aufl.; S. 577-578). Schorndorf: Hofmann.

Roth, K. & Roth, C. (2009). Entwicklung motorischer Fertigkeiten. In J. Baur, K. Bös, A. Conzelmann & R. Singer (Hrsg.), *Handbuch Motorische Entwicklung* (2., komplett überarbeitete Aufl.; S. 227-247). Schorndorf: Hofmann.

Scheid, V. (2017). Wie entwickelt sich die menschliche Bewegung im Kindes- und Jugendalter? In V. Scheid & R. Prohl (Hrsg.), *Bewegungslehre: Kursbuch Sport 3* (10., völlig neu bearbeitete Aufl.; S. 81-122). Wiebelsheim: Limpert.

Scheuerl, H. (1994). *Das Spiel. Band 1: Untersuchungen über sein Wesen, seine pädagogischen Möglichkeiten und Grenzen* (12. Aufl.). Weinheim, Basel: Beltz.

Schmidt, W. (2003). Sportspiel(e) (sport games). In P. Röthig, R. Prohl, K. Carl, D. Kayser, M. Krüger & V. Scheid (Hrsg.), *Sportwissenschaftli-*

ches Lexikon (7., völlig neu bearbeitete Aufl.; S. 538-539). Schorndorf: Hofmann.

Schnabel, G., Harre, H.-D. & Krug, J. (2011). *Trainingslehre – Trainingswissenschaft: Leistung – Training – Wettkampf*. Aachen: Meyer & Meyer.

Schott, N. & Munzert, J. (2010) (Hrsg.). *Motorische Entwicklung*. Göttingen u.a.: Hogrefe.

Sinning, S. (2008). Sportspiele vermitteln. Pädagogische Hintergründe und didaktische Perspektiven einer gelungenen Vermittlung. *sportpädagogik, 32* (1), 5-9.

Sinning, S. (2009). Sportspiele vermitteln – Spielen lehren und lernen. In H. Lange & S. Sinning (Hrsg.), *Handbuch Sportdidaktik* (2. Aufl.; S. 359-384). Balingen: Spitta.

Steinhöfer, D. (2003). *Grundlagen des Athletiktrainings – Theorie und Praxis zu Kondition, Koordination und Trainingssteuerung im Sportspiel*. Münster: Philippka.

Sutton-Smith, B. (1978). *Dialektik des Spiels. Eine Theorie des Spielens, der Spiele und des Sports*. Schorndorf: Hofmann.

Trunk, E. (2013). *Die große Limpert-Ballspielschule. Zielschussspiele erfolgreich lernen in Schule und Verein*. Wiebelsheim: Limpert.

Uhlig, J. (2008). Klassifikation der Sportspiele. Empirische Untersuchungen zur Familienähnlichkeit der Spiele Fußball, Hockey, Eishockey und Rugby. *Spectrum der Sportwissenschaft, 20* (2), 75-89.

Weineck, J. (2019). *Optimales Training: Leistungsphysiologische Trainingslehre unter besonderer Berücksichtigung des Kinder- und Jugendtrainings* (17. Aufl.). Balingen: Spitta.

Wichmann, K. (2008). Integrative genetische Vermittlung von Sportspielen. In A. Woll, W. Klöckner, M. Reichmann & M. Schlag (Hrsg.), *Sportspielkulturen erfolgreich gestalten. Von der Trainerbank bis in die Schulklasse* (S. 87-90). Hamburg: Czwalina.

Winter, R. & Hartmann, C. (2015). Die motorische Entwicklung (Ontogenese) des Menschen (Überblick) In K. Meinel & G. Schnabel (Hrsg.), *Bewegungslehre – Sportmotorik* (12., ergänzte Aufl.; S. 243-373). Aachen: Meyer & Meyer.

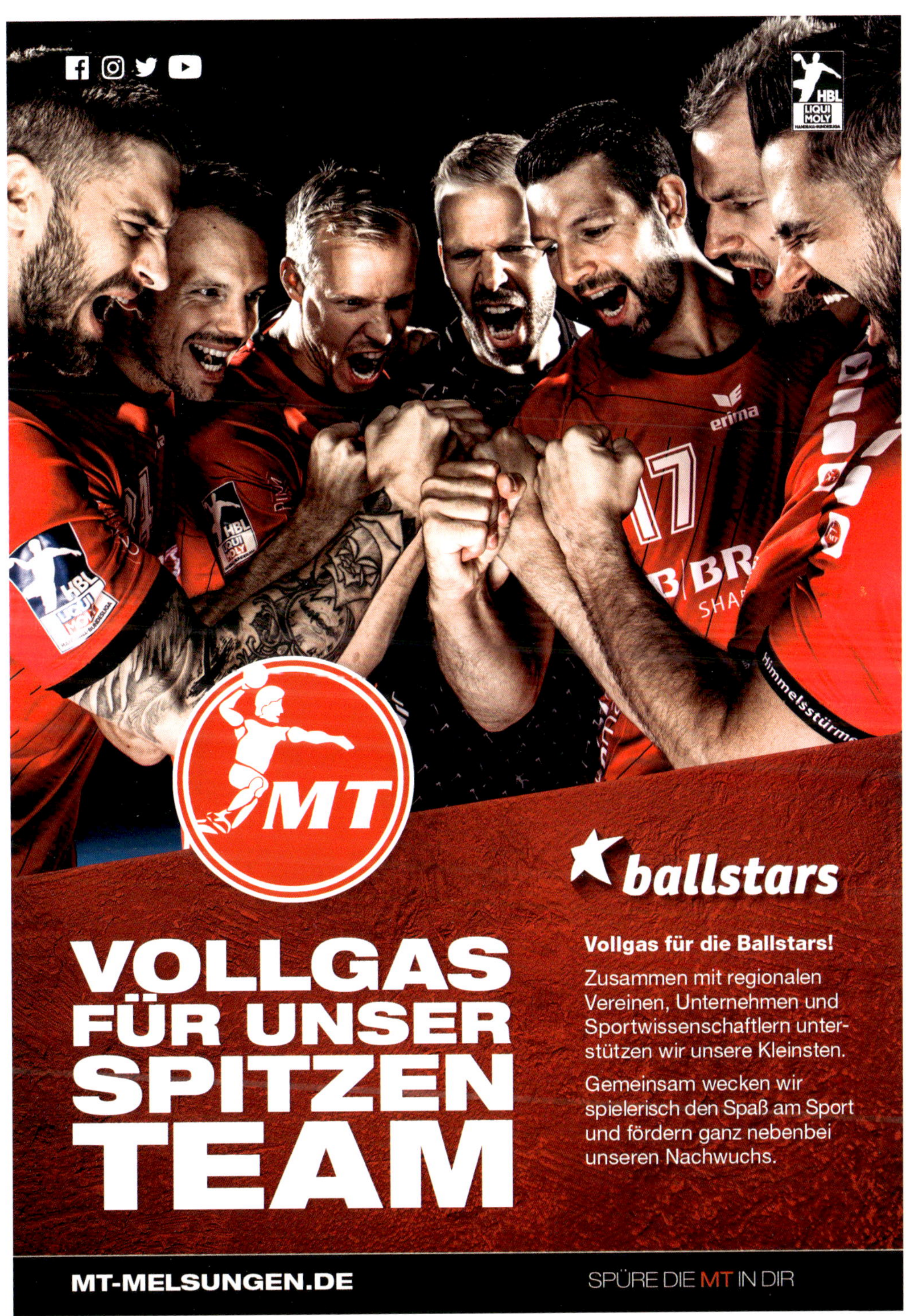

MT
ballstars
VOLLGAS FÜR UNSER SPITZEN TEAM
Vollgas für die Ballstars!
Zusammen mit regionalen Vereinen, Unternehmen und Sportwissenschaftlern unterstützen wir unsere Kleinsten.
Gemeinsam wecken wir spielerisch den Spaß am Sport und fördern ganz nebenbei unseren Nachwuchs.
MT-MELSUNGEN.DE
SPÜRE DIE MT IN DIR

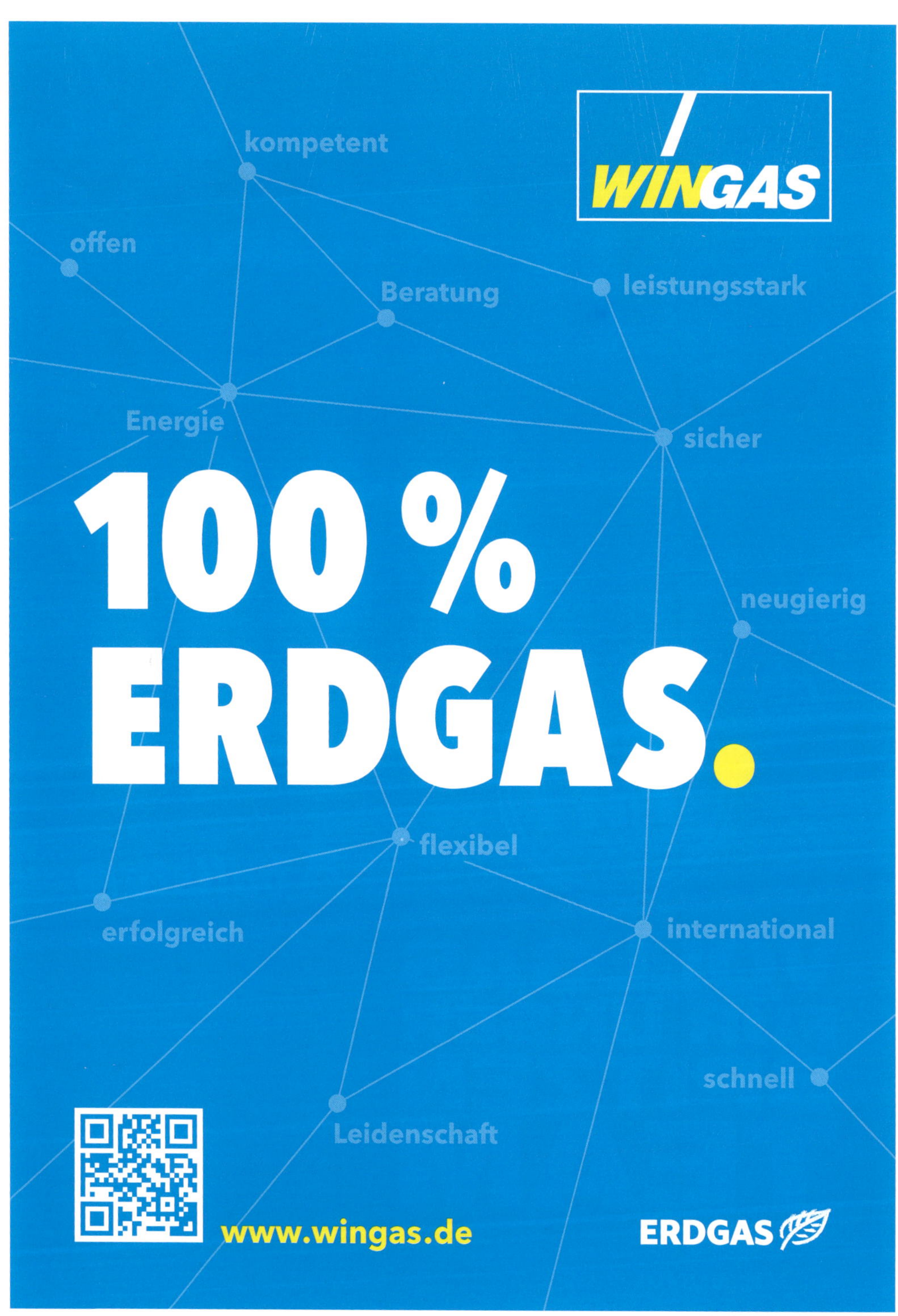
WINGAS
kompetent
offen
Beratung
leistungsstark
Energie
sicher
100 %
ERDGAS.
neugierig
flexibel
erfolgreich
international
schnell
Leidenschaft
www.wingas.de
ERDGAS

STARK AM BALL,
STARK IM TEAM,
STARKE PARTNER.

VOLKSWAGEN WERK KASSEL

Wir übernehmen Verantwortung für die Region.
Die Förderung und Entwicklung von
Kindern liegt uns am Herzen.

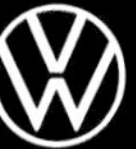

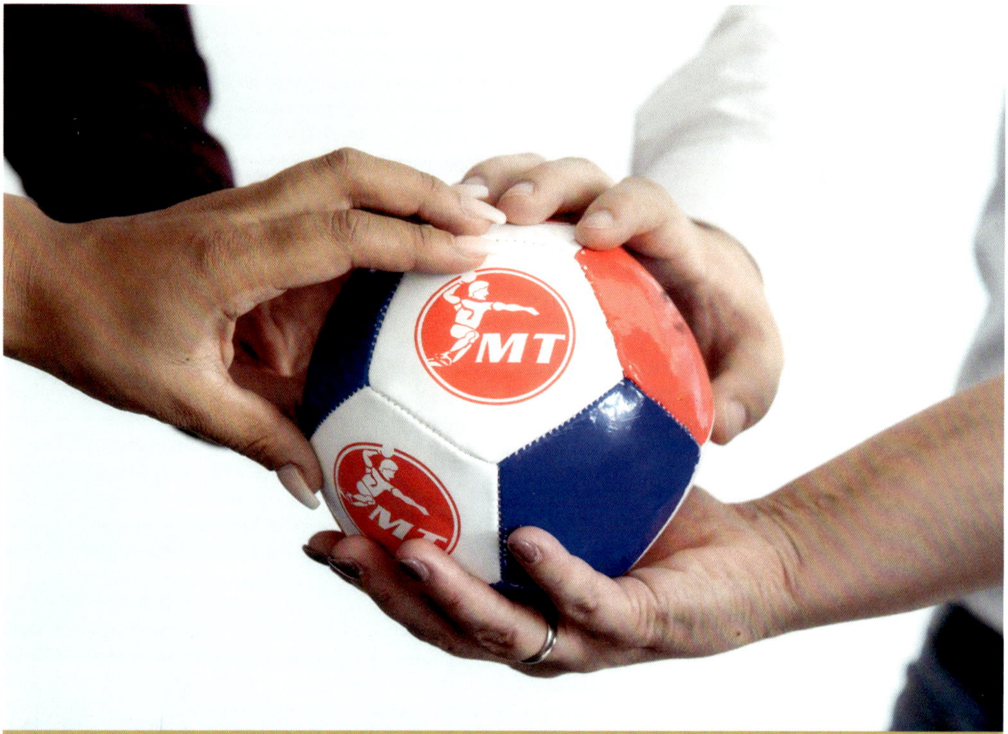

MIT GESUNDHEIT SCHULE MACHEN: GEMEINSAM MEHR ERREICHEN.

SCHÜLERINNEN UND SCHÜLER VERBRINGEN EINEN GROßEN TEIL IHRER KINDHEIT IN DER SCHULE. GESUNDHEITSERZIEHUNG DARF SICH DAHER NICHT NUR AUF DEN SCHULSPORT BEGRENZEN. DAS PROJEKT BALLSTARS UNTERSTÜTZEN WIR DAHER GERNE ALS BREITENSPORTLICHE ALTERNATIVE ZU SPEZIFISCHEN FÖRDERPROGRAMMEN EINZELNER SPORTARTEN.
ABER WIR KÖNNEN NOCH MEHR: AUCH ZU THEMEN RUND UM ERNÄHRUNG, STRESS ODER DEN UMGANG MIT MEDIEN GIBT ES VIELFÄLTIGE ANKNÜPFUNGSPUNKTE IM SCHULISCHEN ALLTAG. INTERESSE? SPRECHEN SIE UNS AN.

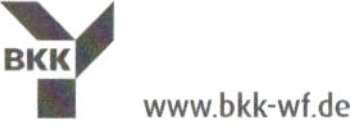

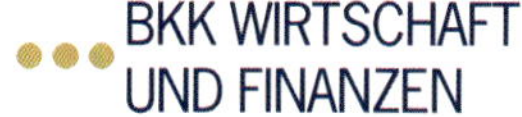

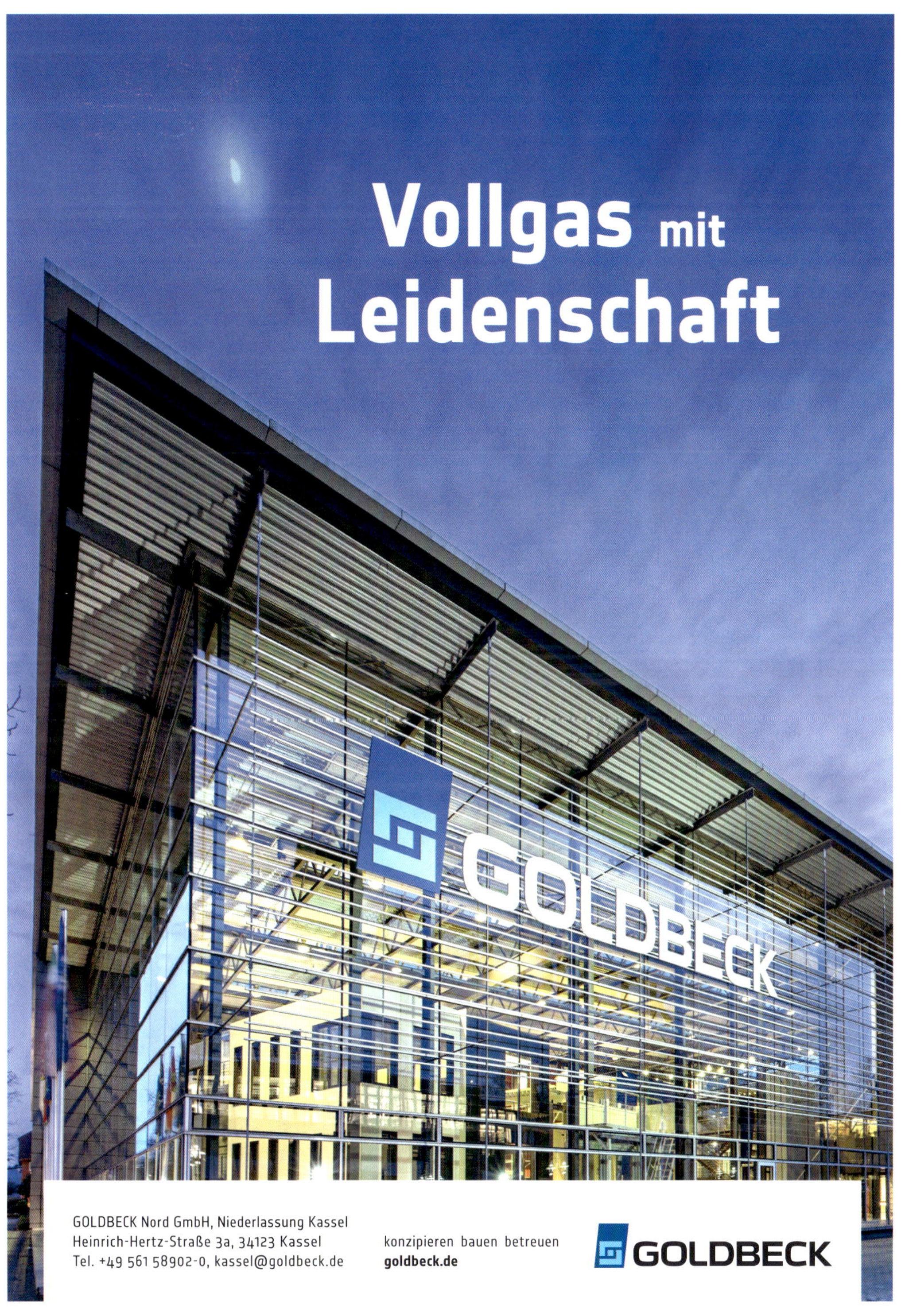
Vollgas mit Leidenschaft
GOLDBECK
GOLDBECK Nord GmbH, Niederlassung Kassel
Heinrich-Hertz-Straße 3a, 34123 Kassel
Tel. +49 561 58902-0, kassel@goldbeck.de
konzipieren bauen betreuen
goldbeck.de
GOLDBECK

Zuletzt erschienene Bände der Reihe ‚Körperbildung & Sport'

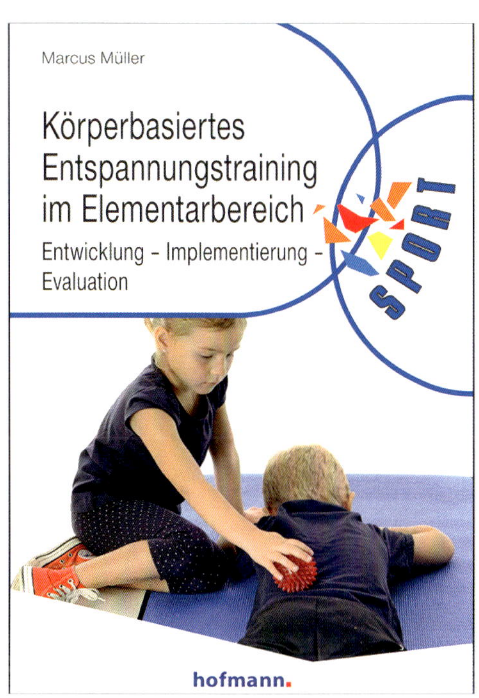

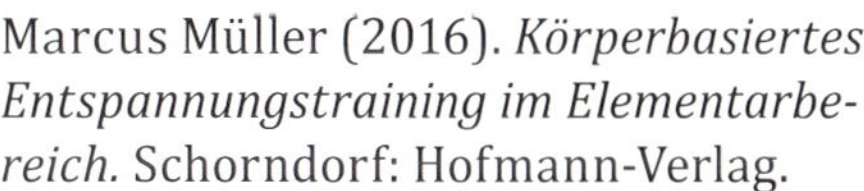
Marcus Müller (2016). *Körperbasiertes Entspannungstraining im Elementarbereich.* Schorndorf: Hofmann-Verlag.

Elementarpädagogische Einrichtungen haben die Aufgabe, Schutz- und Resilienzfaktoren in ihre Erziehungsarbeit zu integrieren. Die hier vorgestellte Studie thematisiert den Einsatz von Körper-Achtsamkeitsprogrammen in diesem Setting. An der Evaluation der Programme nahmen 946 Kinder teil , ebenso deren Eltern und das Fachpersonal von 24 Kindertageseinrichtungen. Erstmals wurden auch psychophysiologische Verfahren zur Messung der Entspannungswirkungen bei Kindern berücksichtigt. Die Studie weist nach, dass Achtsamkeitsprogramme im Kita-Alltag implementiert werden können und bei den Kindern gesundheitsfördernde Wirkungen hervorrufen.

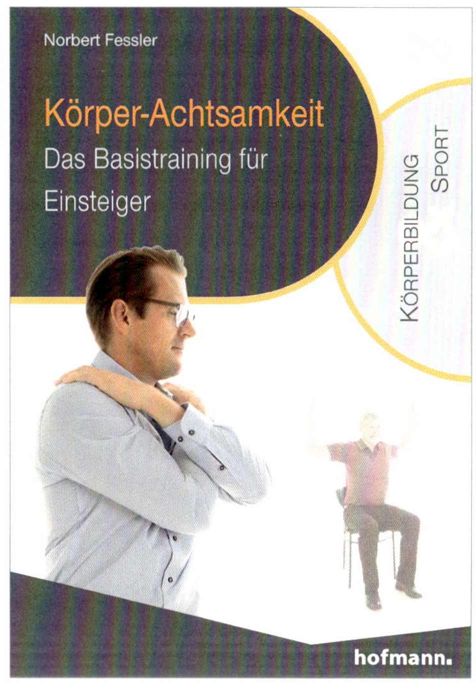

Norbert Fessler (2018). *Körper-Achtsamkeit. Das Basistraining für Einsteiger.* Schorndorf: Hofmann-Verlag.

12 Programme, 72 Übungen, auf 12 Körperregionen bezogen. Sie gründen ein selbstinstruktives Achtsamkeitstraining, das den Körper im Fokus hat. Sanfte und bewusst ausgeführte Übungen fordern Körperkonzentration und legen den Schalter um: Die Außenwelt rückt hintenan, wenn man sich gedanklich auf seinen Körper und sich selbst konzentriert. Physisch bedeutet das, den Körper zu regulieren und gezielt eine eutonisch-wohltuende Spannung herbeizuführen. Die psychischen Wirkungen bleiben nicht aus: Der Kopf wird frei, es wird innere Einkehr gehalten, die Reizüberflutung ist für die Zeit des Übens ausgeblendet, Belastungen werden relativiert und Stress abgebaut.

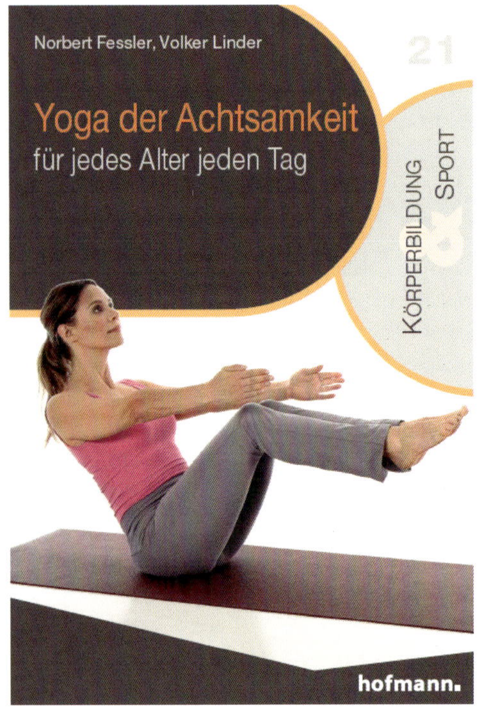

Norbert Fessler & Volker Linder (2018). *Yoga der Achtsamkeit – für jedes Alter jeden Tag.* Schorndorf: Hofmann-Verlag.

Bei diesem Yoga steht die individuelle Adaptierbarkeit von Yogahaltungen im Mittelpunkt. Denn Körper und Geist brauchen etwas anderes, je nachdem, in welcher Entwicklungsphase sich der Einzelne befindet. Versammelt sind in diesem Buch essentielle Asanas aus der Yogatradition, die in gesundheitspräventiver Absicht eingebettet sind in ein erprobtes System aus Mobilisierungs- und Entspannungsübungen und tiefer gehenden Werkzeugen wie der Atmung. Unter den Themen „Atem vertiefen – Beweglichkeit fördern – Körper kräftigen – Gleichgewicht verbessern" werden 17 geprüfte Programme angeboten, die zwischen fünf und acht Übungsmodule beinhalten, meist 10 - 12 Minuten dauern und eigenständig geübt werden können.

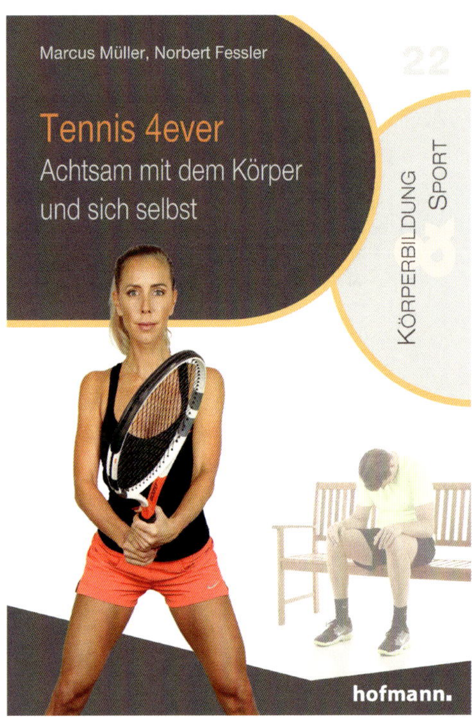

Marcus Müller & Norbert Fessler (2019). *Tennis 4ever. Achtsam mit dem Körper und sich selbst.* Schorndorf: Hofmann-Verlag.

Achtsamkeitsübungen zur Verbesserung der Körperwahrnehmung und zielorientierten Umsetzung von Tennistechniken oder zur Modulation von Emotionen in Stresssituationen sollten nicht nur dem Tennis-Spitzensport, sondern auch Tennisspielern jeden Alters zugänglich sein, um das eigene Spiel erfolgreicher zu gestalten und dabei gesund zu bleiben. Das nun vorliegende Achtsamkeitstraining umfasst 9 Programme von jeweils 15 bis 20 Minuten Übungsdauer. Sie beinhalten 63 Übungsmodule, die vielseitig eingesetzt werden können: als Warm up oder Cool down, aber auch für den situativen Einsatz etwa bei Seitenwechseln oder in Trainings- und Spielpausen zur schnellen körperlichen und mentalen Erholung.